Eine kulinarische

Entdeckungsreise

durch Nordfriesland und seine Inseln

Silke Martin • Johann Scheibner

Eine kulinarische
Entdeckungsreise
durch Nordfriesland und seine Inseln

UMSCHAU :

INHALT

Die Zahlen in der Karte sind identisch mit den Seitenzahlen der einzelnen Betriebe in diesem Buch und bezeichnen ihre Lage in Nordfriesland und seiner Inseln.

DIE INSEL

Eins

Die nächste Flut verwischt den Weg im Watt,
und alles wird auf allen Seiten gleich;
die kleine Insel draußen aber hat
die Augen zu; verwirrend kreist der Deich

um ihre Wohner, die in einen Schlaf
geboren werden, drin sie viele Welten
verwechseln, schweigend; denn sie reden selten,
und jeder Satz ist wie ein Epitaph

für etwas Angeschwemmtes, Unbekanntes,
das unerklärt zu ihnen kommt und bleibt.
Und so ist alles, was ihr Blick beschreibt
von Kindheit an: nicht auf sie Angewandtes,
zu Großes, Rücksichtsloses, Hergesandtes,
das ihre Einsamkeit noch übertreibt.

Zwei

Als läge er in einem Krater-Kreise
auf einem Mond: ist jeder Hof umdämmt,
und drin die Gärten sind auf gleiche Weise
gekleidet und wie Waisen gleich gekämmt

von jenem Sturm, der sie so rau erzieht
und tagelang sie bange macht mit Toden.
Dann sitzt man in den Häusern drin und sieht
in schiefen Spiegeln, was auf den Kommoden

Seltsames steht. Und einer von den Söhnen
tritt abends vor die Tür und zieht ein Tönen
aus der Harmonika wie Weinen weich;

So hörte er's in einem fremden Hafen-.
Und draußen formt sich eines von den Schafen
ganz groß, fast drohend, auf dem Außendeich.

Drei

Nah ist nur Innres, alles andre fern.
Und dieses Innere gedrängt und täglich
mit allem überfüllt und ganz unsäglich.
Die Insel ist wie ein zu kleiner Stern

welchen der Raum nicht merkt und stumm zerstört
in seinem unbewussten Furchtbarsein,
so dass er, unerhellt und überhört,
allein

damit dies alles doch ein Ende nehme
dunkel auf einer selbsterfundnen Bahn
versucht zu gehen, blindlings, nicht im Plan
der Wandelsterne, Sonnen und Systeme.

Nordfriesland – Land der Inseln und Halligen. Doch das war nicht immer so, bis zum Mittelalter gehörten die fünf Inseln und zehn Halligen, die sich heute wie zufällig verstreut in der Nordsee verteilen, noch zum Festland.

Die Kirchen St. Johannis in Nieblum auf Föhr, St. Severin in Keitum auf Sylt, die Alte Kirche St. Salvator auf Pellworm und St. Magnus in Tating auf der Halbinsel Eiderstedt liegen in gleichen – heiligen – Abständen auf einer geraden Nord-Süd-Achse. Der Baumeister sei, so berichtet die Sage, mit dem Pferd die Baustellen abgeritten und musste dabei nur einige Priele überwinden, die das Land durchzogen.

Die beiden großen Mandränken von 1362 und 1634 zerrissen die so genannten Uthlande, und das Meer zog Mensch, Tier und Land mit sich in die Tiefe. Die erste Mandränke, die Marcellusflut vom 16. Januar 1362, begrub weite Teile des flachen Landes unter sich, die sagenhafte Insel Rungholt sank, Husum lag plötzlich am Meer, und nur die Geestinseln Sylt, Föhr und Amrum, die im Kern aus Moränen-Ablagerungen der Eiszeit bestehen, blieben zurück. Wo sich mehr und mehr Schlick anlagerte, entstand mit der Zeit neues Land, fast alle Halligen sind auf diesen Prozess zurückzuführen.

Die zweite Flut von 1634 zerriss die Insel Strand in zwei Teile, die Marschinseln Nordstrand und Pellworm sowie die Halligen Nordstrandischmoor und Hamburger Hallig waren geboren. Das einstige Marschland der Küste wurde durch die Sturmfluten zu einem Gebiet das nicht Land, nicht See ist: das Wattenmeer entstand. Seit 1986 steht dieses weltweit einzigartige

Gebiet unter besonderem Schutz: Im Nationalpark Schleswig-Holsteinisches Wattenmeer gibt es allein über 250 endemische Tierarten, die also nirgendwo sonst vorkommen. Muscheln, Wattwurm und Krebs, Vögel wie Austernfischer, Möwe und Küstensee-schwalbe sind nur einige der zahlreichen Wattbewohner. Auf den Sandbänken aalen sich Robben. Zugvögel aller Art reisen im Frühling und Herbst durch Nordfriesland und streiten sich mit den einheimischen Vögeln um Nahrung.

Historisch betrachtet gehörte Nordfriesland lange Zeit zu Dänemark. Die Friesen waren jedoch seit jeher ein freiheitsliebendes Volk, das sich keinem Herrscher wirklich unterordnen wollte. Ihre wahren Kämpfe trugen sie gegen die Natur, nicht gegen andere Völker aus. Erst 1864 fielen die Inseln im Zuge des Deutsch-Dänischen Krieges an Preußen.

Den stoischen Friesen war dies egal, solan-

ge man sie in Ruhe ließ und ihre Rechte nicht zu sehr beschnitt. Sie sprachen auch weiter ihre eigene Sprache. Von Insel zu Insel gibt es zudem verschiedene Dialekte des Friesischen, die Sylter reden Söl'ring, die Föhrer Fering, der Amrumer Öömrang. Heute wird die Sprache sogar wieder in den Schulen gelehrt.

Mitte des 17. Jahrhunderts begann mit der Ära des Walfangs das goldene Zeitalter der Friesen. Fast die gesamte männliche Bevölkerung ging auf Grönlandfahrt. Die Friesen entwickelten sich zu hervorragenden und begehrten Seeleuten und brachten zahlreiche erstklassige Navigatoren und Kapitäne hervor. Da diese am Fangergebnis beteiligt waren, brachten sie einigen Wohlstand auf die Inseln. Im 18. Jahrhundert wandten sich die Seeleute der Handelsschifffahrt zu – die Nordfriesen eroberten die Weltmeere, erlebten Abenteuer im Orient, gerieten in Gefangenschaft und wurden zum Teil sogar freigekauft. Der Handel stagnierte jedoch ab dem 19. Jahrhundert und die Inselbevölkerung verarmte. Man verlegte sich verstärkt aufs Strandjen, schlicht übersetzt: aufs Strandräubern. Sturmnächte gab es genug und man musste nur schnell genug das kostbare angeschwemmte Gut aufsammeln, bevor der Strandvogt dem illegalen Treiben ein Ende bereitete. Auch im Flottmachen gestrandeter Schiffe bewährte sich die Bevölkerung. In dieser Zeit wanderten sehr viele Insulaner nach Amerika oder Australien aus. Heute leben mehr Föhrer und Amrumer in den USA als auf den Inseln selbst.

Ende des 19. Jahrhunderts erlebte der Tourismus eine erste zarte Blütezeit, Seebäder entstanden, Schiffe brachten Badegäste auf die Inseln, Hotels und Pensionen wurden erbaut – das beschauliche Inselleben veränderte sich. Die beiden Weltkriege unterbrachen diese Entwicklung für einige Jahre, doch seit den 1950er Jahren gewinnt die deutsche Nordseeküste mit seinen Inseln und Halligen von Jahr zu Jahr an Beliebtheit. Vom Zeltplatz in den Dünen bis zur 5-Sterne-Luxus-Herberge, vom Aalbrötchen am Hafen bis zum 8-Gang-Menü im Gourmet-Tempel – auch kulinarisch bietet die Region ein attraktives Angebot. Nordfriesland ist eine abwechslungsreiche Region, die alle Sinne anspricht.

AMRUM – DIE STILLE SCHÖNHEIT

Amrums Kniepsand, eigentlich eine Sandbank, die das Meer der Insel zum Geschenk machte, gehört zu den schönsten Stränden Europas. Mit 10 km² nimmt er ein Drittel der gesamten Inselfläche ein, erstreckt sich von Wittdün im Süden bis zur Odde an der Nordspitze und beeindruckt durch seine feinsandige, endlos scheinende Weite.

Die weitläufigen, bis zu 32 Meter hohen imposanten Dünen trennen den Strand vom Inselinneren und den fünf Dörfern, die sich alle ihren eigenen Charme bewahrt haben. Des Weiteren machen Wald, Watt und fruchtbare Marschwiesen sowie die Heide, die Amrum im Spätsommer violett einfärbt, die reizvolle landschaftliche Mischung dieser verträumten Ferieninsel aus.

Norddorf ist, die gemeinsam mit Süddorf älteste Gemeinde der Insel. Der historische Kern wurde jedoch durch mehrere Brände fast gänzlich zerstört. Pastor Friedrich von Bodelschwingh legte dann Ende des 19. Jahrhunderts mit seinen Seehospizen den Grundstein für den Aufschwung des Dörfchens zum größten Kurort der Insel, der heute mit einem modernen Kurmittelhaus, Kureinrichtungen und einem Meer-

wasserschwimmbad aufwarten kann. Die kulinarische Palette reicht von Lamm- und Muscheltagen bis zum Gourmet-Festival, vom gemütlichen Fisch-Restaurant bis zur anspruchsvollen Hotelküche. Sportfans kommen beim Schwimmen, Surfen, Tennis und Reiten auf ihre Kosten und in der Fußgängerzone im Herzen des Ortes lässt es sich auch bei grauem Himmel hervorragend flanieren.

Die Natur erschließt sich in Norddorf auf vielfältige Weise, z. B. bei einem Strandspaziergang rund um das Naturschutzgebiet „Odde", einer Wattwanderung hinüber nach Föhr unter der Führung eines kundigen Einheimischen oder einer Wanderung entlang des Wattwegs bis nach Nebel, wo man in die beschauliche Idylle vergangener Zeiten eintaucht.

Hier gibt es noch viele reetgedeckte Frie-

senhäuser aus dem 18. und 19. Jahrhundert mit kunstvollen Türen und farbenfrohen Gärten. Cafés und Restaurants bieten eine vorzügliche friesische Küche, mal bodenständig, mal edel verfeinert. Sehenswerter Mittelpunkt ist die St. Clemens-Kirche mit dem Friedhof und seinen „sprechenden" Grabsteinen, die von Amrumer

AMRUM – DIE STILLE SCHÖNHEIT

Seeleuten erzählen, die auf allen Weltmeeren zu Hause waren und glorreich heimkehrten – oder, was nicht selten geschah, auf See blieben und Witwen und Waisen auf der Insel hinterließen. Die Kirche wurde 1240 erstmalig erwähnt, ist aber wohl viele Jahrzehnte älter. Im Inneren sind vor allem der spätromanische Granit-Taufstein, die gotische Apostelreihe sowie der Dreiflügelaltar beachtenswert. Viele Kapitäne ließen sich einst in Nebel nieder. Das „Öömrang Hüs"

zeigt anschaulich, wie sie im 18. Jahrhundert lebten. Unweit davon erhebt sich die Windmühle, ein Erdholländer, die bis 1964 in Betrieb war und heute das Insel-Museum beherbergt.
Steenodde, „die Steinspitze", erwartet den stressgeplagten Urlauber mit seiner wunderschönen Wattlage, dem alten Hafen, einigen schönen Friesenhäusern und unvergleichlicher Ruhe. Das idyllische Dörfchen wurde auf Hünen- und Hügelgräbern erbaut, was zahlreiche Funde, so z. B. ein 4000 Jahre alter Schädel, der sogar Operationsspuren aufweist, eindrucksvoll belegen.

Süddorf, bereits 1464 erstmals erwähnt und umgeben von Heide und Wiesen, war einst Sitz der reichsten Bauern der Insel und ist bis heute ländlich geblieben. Es gehört wie Steenodde der Gemeinde Nebel an.
Wittdün dagegen ist noch recht „jung". Erst 1890 wurden hier im Zuge des wachsenden Tourismus die ersten Häuser erbaut. Hotels, Pensionen, Villen und Geschäftshäuser folgten schnell und sollten den Grundstock eines mondänen Seebades bilden. Nach zwei verregneten Sommern war diese Karriere beendet – sehr zur Freude der Einheimischen, die sich mit den hocheleganten

Kurgästen nie anfreunden konnten.
Heute prägt der Hafen mit Fähren und Aus-
flugsschiffen den quirligen Ort, der auf drei
Seiten vom Meer umgeben ist. Die lebhafte
Inselstraße verfügt über Geschäfte, Restau-
rants, Hotels und Einkaufsmöglichkeiten.
Ansonsten gehören Amrumer Badeland und
Thalassozentrum, Kurmittelhaus und zwei
Campingplätze zu Wittdün, ebenso wie der
Seezeichenhafen, wo Krabbenkutter den
frischen Fang des Tages anlanden, und
der impo-sante Leuchtturm, der höchste
der gesamten Westküste. Aus der Höhe er-
schließt sich die abwechslungsreiche Natur

der Insel erst richtig, von hier oben
kann man, so man denn schwindel-
frei ist, einen faszinierenden Blick
über die ganze Insel bis hinüber
nach Föhr, Sylt und den Halligen
genießen. Aus dieser Perspektive
wird deutlich: Amrum, diese stille
Schönheit der Nordsee, ist ein wert-
volles Kleinod der nordfriesischen
Inselwelt.

Jever Deel

Restaurant Jever Deel im Hotel Seeblick

Familie Hesse
Strunwai 13
25946 Norddorf
Telefon   0 46 82 – 92 10
Telefax   0 46 82 – 25 74
Freecall   08 00 – Seeblick
E-Mail Seeblick-Amrum@t-online.de
www.seeblick-amrum.de

Das 4-Sterne-Hotel Seeblick im Herzen Norddorfs wurde 1914 von Bernhard Hinrichs erbaut. Heute führt Enkelin Angelika Hesse gemeinsam mit Sohn Gunnar und seiner Frau Nicole das traditionsreiche Haus. Das Gebäude wurde 1982 komplett neu erbaut, um es den Bedürfnissen des anspruchsvollen Urlaubs-, Kur- und Tagungsgastes anzupassen. Inzwischen gehören separate Einheiten für Einzelzimmer, Ferienwohnungen, Suiten sowie ein großzügiger Wellness-Bereich mit Erlebnisschwimmbad zu dem Komplex, der trotz seiner Größe harmonisch ins Straßenbild inmitten der Fußgängerzone passt. In den Zimmern im 2. Stock des imposanten Klinkerbaus kann man übrigens tatsächlich mit Hilfe der extra dort deponierten Ferngläser auf die See blicken.

Gunnar Hesse durchlief die besten Adressen der Gastronomie-Welt von Sylt bis in die Schweiz und renommierte Sterneköche wie Josef Viehhauser und Jörg Müller gehörten zu seinen Lehrmeistern. Im Sommer 2000 stieg er mit Ehefrau und Hotelfachmeisterin Nicole in den Betrieb ein. Das ambitionierte Team etablierte den modernen Betrieb mit familiärer Nähe zum Gast auf hohem Niveau als eine der führenden Adressen der Insel, vernachlässigt dabei aber nie den Umwelt- und regionalen Gedanken. Auf den Tisch kommen nur frische Produkte, die meisten davon stammen von den umliegenden Inseln und Halligen oder der Nordseeküste, wie z. B. Rind und Lamm von heimischen Bauern, Amrumer Wildaustern oder selbst gemachte Marmelade. Hesse fühlt sich durch seine Zugehörigkeit

MARINIERTER SEETEUFEL MIT WILDAUSTERNTATAR

Zutaten:

400 g frisches Seeteufelfilet m. Karkassen
50 ml Weißwein
1 Fenchelknolle
4 gr. oder 8-12 kl. Austern
1 Zweig Blattpetersilie, fein geschnitten
2 Limonen
100 ml Olivenöl
100 ml Fischfond
Salz, Zucker
Balsamicoessig, weiß
2 Schalotten, fein gewürfelt

Zubereitung:

Fischfilet zwischen Folie hauchdünn plattieren. Karkassen mit Fenchel, Wein und etwas Wasser ca. 20 Minuten köcheln lassen, passieren und kalt stellen.

Vinaigrette aus Fischfond, Limonensaft, Olivenöl, abgeschmeckt mit Petersilie, Salz, Pfeffer und Zucker anrühren. Geöffnete Austern in einer Pfanne mit dem Austernsaft ansteifen lassen (kurz von beiden Seiten zum Sieden bringen, sie sollen roh bleiben), in Würfel schneiden, mit Schalotten, Petersilie mischen. Frisch gemahlenen weißen Pfeffer dazugeben.

Fischfilet auf einem mit Salz und Pfeffer bestreuten Teller anrichten, mit Salz und Pfeffer würzen. Die Limonenvinaigrette darauf verteilen. Gunnar Hesse serviert dazu Tempura und Crème Brûlée vom Spargel, die mit dem Austerntatar angerichtet wird.

zu Eurotoques, der Europäischen Union der Köche, verpflichtet, verantwortungsbewusst und auf höchster qualitativer Ebene zu operieren. Die Speisekarte bietet neben dem Tages-Menü ein breites Angebot von der regional-friesischen bis zur Gourmetküche. Jeder Gast soll frei entscheiden, wie viel er auszugeben bereit ist. Schwer fällt die Wahl allemal, wenn es um kross gebratene Meeräsche an Bärlauchrisotto, gefüllten Ochsenschwanz mit Kartoffelolivengnocchi oder Tarte de Tain von Apfel und Birne - aus Omas Garten - mit Calvadoseis und Wil-

liamssabayon geht.
Eine innovative Idee hält die umfangreiche Weinkarte bereit. Sie ist geordnet nach „neuer und alter Welt": Bezogen auf die Geschichte des Weinbaus stellt sie die „alten" Franzosen und Italiener neben die „neuen" Südafrikaner, Neuseeländer und Australier. Erklärungen zu Geschmacksrichtung und korrespondierenden Speisen sind nicht nur nützlich, sie zeugen auch von perfekt umgesetzter Gästebetreuung. Getreu nach dem Motto der Hesses: … wo aus Fremden Freunde werden …"

OOMES HÜS

Nicht-Rauchern zur Verfügung) suchen iresgleichen auf der Insel und geben dem kulinarischen Reisenden eher das Gefühl, in der „guten Stube" der Großeltern gelandet zu sein. Das um 1900 erbaute Haus – bereits der Eingang mit dem rosenumrankten Torbogen erinnert an ein Märchen der Brüder Grimm - gehörte einst der Urgroßmutter von Ute Lund, die aus einer alteingesessenen Norddorfer Familie stammt. Seit über 20 Jahren führt sie nun mit Ehemann Claus das Restaurant Oomes hüs. Sie übernahmen das Haus zu einer Zeit, in der die Gastronomie der Insel noch in den Kinderschuhen steckte. So gaben die beiden ihre Pläne, aufs Festland zu gehen, auf und ließen sich in diesem idyllischen Kleinod friesischer Baukunst nieder. Sie erweiterten die Räumlichkeiten, bezogen das Obergeschoss und bewahren seither Jahr für Jahr das harmonische Miteinander von Anspruch und Gemütlichkeit. Die vielen Stammgäste schätzen nicht nur die frischen, ausgewählten Zutaten, die Claus und Ute Lund mit ihrem kleinen engagierten Team auf den Tisch bringen, sie freuen sich auch immer wieder neu auf die Mischung von Altbewährtem aus der Region, wie Birnen, Bohnen und Speck oder dem auf der Zunge zerschmelzenden Aal in Dillrahmsauce, und

RESTAURANT OOMES HÜS

UTE UND CLAUS LUND
DÜNEMWAI 4
25946 NORDDORF
TELEFON   0 46 82 – 21 99
TELEFAX   0 46 82 – 42 83

RUHETAG: DONNERSTAG
BETRIEBSRUHE: NOVEMBER – JANUAR

Tritt man durch die Tür von Oomes hüs im Herzen Norddorfs, vergisst man fast, dass man Gast in einem Restaurant ist. Die zwei urgemütlichen friesischen Räume (einer steht

dem Außergewöhnlichen wie flambierten Scampi in Knoblauchcurryrahm. Die zehn Tische sind rasch belegt. Reserviert wird jedoch trotzdem nicht. Im idyllischen Garten lässt es sich beim Studieren der Speisekarte schließlich vorzüglich warten. Fisch macht den Großteil der Stamm- und Tageskarte aus. Claus Lund, der es liebt, ohne feste Rezeptvorgaben kreativ zu kochen, bietet auch Exoten an, die man sonst auf der Insel eher selten findet. Bei Hokifilet oder Merlan muss man schon mal kurz überlegen, in welchem der Weltmeere dieser Fisch eigentlich zu Hause ist. Den Genießer freut's allemal, kann er schließlich auch noch zwischen Spezialitäten vom Holsteiner Rind, Kalbsnierchen oder Flugente wählen. Sämtliche Waren stammen aus der Region, Fisch auch schon mal vom Amrumer Kutter. Dazu kann man Weine aus fast allen deut-

schen Anbaugebieten sowie Italiener und Franzosen verkosten. Kinder sind hier nicht nur willkommen, sie werden auch mal von Ute Lund, die stets souverän und herzlich ihre Gäste umsorgt, damit die Eltern in Ruhe ihr delikates Essen genießen können.

GEFÜLLTER LAMMRÜCKEN MIT ZUCCHININUDELN UND KARTOFFELPLÄTZCHEN

Zutaten:

1 Lammrücken, ca. 1,5 kg
200 g Lammbrät
100 g Schafskäse
1 Wirsingkohl
Balsamicoblätter (oder Thymian)
3 Knoblauchzehen
2 Zucchini, in Streifen geschnitten
2 Tomaten, gewürfelt
1 Zwiebel, gewürfelt
1 EL Olivenöl

Röstgemüse:

Zwiebeln, Sellerie, Wurzeln, Porree
500 g Kartoffeln
2 Eigelb
Pfeffer, Salz, Muskat
Petersilie
Butter

Zubereitung:

Lammrücken auslösen, plattieren. Fleisch erst mit blanchierten Wirsingblättern, dann mit Lammbrät, Balsamicoblättern und Schafskäse belegen. Zusammenrollen und in Folie zusammenbinden. Die Rolle für ca. 20 Min. bei 180° in den Backofen geben. Von den Lammknochen und dem Röstgemüse eine Jus kochen. Zwiebeln in Olivenöl glasieren. Zucchinistreifen blanchieren und mit den Tomatenwürfeln dazugeben, mit Knoblauch, Pfeffer, Salz abschmecken. Kartoffeln mit Schale kochen. Pellen, durch die Kartoffelpresse drücken, mit Eigelb, Pfeffer, Salz, Muskat und Petersilie würzen. Zu Plätzchen formen und in Butter braten.

Teehaus Burg

land mit grasenden Pferden und Kühen, der Blick übers Watt nach Föhr und zur Amrumer Odde ist atemberaubend, vor allem am Abend, wenn langsam die Sonne rotgolden versinkt. Wem es auf der romantischen, von Blumen umrankten Terrasse zu kühl wird, der sitzt drinnen gemütlich wie in Omas guter Stube, die mit Sofa, Scheibengardinen und vielen geschmackvollen Accessoires pure Gemütlichkeit ausstrahlt. 1934 erbauten Urgroßmutter und Großmutter von Jan Ruth dieses Haus als Feriendomizil. Die Familie ist Teil der Remscheider Mannesmann-Familie. Während eines Ferienaufenthaltes verliebten sich die Frauen in die Insel, erwarben das Grundstück und erbauten das Haus. Heute darf hier aus Gründen des Naturschutzes nicht mehr gebaut werden, so dass die einzigartige Lage allein den Besuchern des Teehauses vorbehalten bleibt – und gerade das macht es umso reizvoller. Auch Ruths Großmutter führte das Haus als Café und verpachtete es erst mit 83 Jahren. Er selbst wuchs mit dem Betrieb auf. Heute

Teehaus Burg

Boragwai 2
25946 Norddorf
Telefon   0 46 82 – 23 58
Telefax   0 46 82 – 18 15

Geöffnet: 15-22.30 Uhr
Ruhetag: Dienstag
Betriebsruhe: November – Ostern

Es gibt wohl kaum einen schöneren Ort auf Amrum, um seinen Tee zu genießen, als im idyllisch gelegenen Teehaus Burg. Etwas außerhalb von Norddorf, direkt am Wattweg nach Nebel, der den Wanderer diese Nordseelandschaft hautnah erleben lässt, befindet sich abseits jedes Ferientrubels das wunderschöne Reetdachhaus von Jan und Inge Ruth. Im Jahr 2001 feierten sie 50-jähriges Betriebsjubiläum mit vielen ehemaligen Mitarbeitern, die sogar bis aus der Schweiz anreisten. Sie selbst betreiben das Teehaus seit nunmehr 20 Jahren, auch das war ein Grund zum Feiern. Und sie haben sich wirklich eines der schönsten Plätzchen der Insel zum Leben und Arbeiten ausgesucht. Vor der Haustür beginnt das Marsch-

ist er für die Küche, seine Frau für den Service verantwortlich. Beliebt sind neben den Kuchen, die der Chef allmorgendlich frisch backt, auch die Pfannkuchen nach Hausrezept mit süßer und herzhafter Füllung. Eisbecher kann man sich individuell zusammenstellen. Die Getränkekarte erstreckt sich von Bier über Wein und Cocktails bis zu hochwertigen Kaffee- und Teespezialitäten. Das junge, freundliche Personal erklärt gerne, um welche Mischung es sich im Einzelnen bei den heißen alkoholischen Spezialitäten wie Eiergrog, Pharisäer, Kiebitz oder Seehund handelt. Eine weitere Besonderheit des Teehauses – die Windrose – geht auf eine Erfindung der Großmutter zurück. Zwei Eiskugeln werden mit einem hauchdünnen Nussgebäck umfächert. Dieses Rezept wollte Jan Ruth jedoch nicht verraten, das bleibt ein Familiengeheimnis.

HEIDELBEER-KÄSEKUCHEN

Zutaten:

Mürbeteig:

250 g Mehl
100 g Zucker
1 Ei
1 TL Vanillezucker
Saft und Schale 1/2 Zitrone
125 g kalte Butterflocken

Belag:

500 g Magerquark
100 g Zucker
Saft und Schale 1/2 Zitrone
4 Eier
1 Pck. Vanillepuddingpulver z. Kochen
500 g geschlagene, ungesüßte Sahne

Früchte:

400 g frische Heidelbeeren
1 Pck. Tortenguss, klar

Zubereitung:

Alle Zutaten rasch zu einem Mürbeteig verkneten, für 1 Std. in Folie verpackt kühl stellen. Den kalten Teig noch einmal durchkneten, dann zu einem Kreis mit ca. 28 cm Durchmesser ausrollen. Die Teigplatte über eine 26er Springform legen. Aus dem überstehenden Teil einen ca. 3 cm hohen Rand formen. Quark mit allen Zutaten außer der Sahne zu einer homogenen Masse verrühren. Dann vorsichtig die Sahne unterheben. In die Springform füllen und bei 150 °C (Umluft) ca. 1 Stunde backen. Die Heidelbeeren zupfen und waschen, auf dem ausgekühlten Kuchen verteilen. Den Tortenguss nach Anleitung aufkochen und vorsichtig über den Kuchen gießen. Vor dem Servieren abkühlen lassen.

ROMANTIK HOTEL HÜTTMANN

4-Sterne-Niveau gebracht und es in die anspruchsvolle Riege der Romantik-Hotels eingereiht.

Trotz aller Veränderung und dem Komfort, den der anspruchsvolle Gast im 21. Jahrhundert erwartet, hat das Haus den Charme der Gründerzeit bewahrt. Die Neubauten rund um das ursprüngliche Hotel, welche Allergiker- und Nichtrauchereinheiten, Ferienwohnungen, Appartements und Suiten sowie den Wellness-Bereich beherbergen, passen gut ins Bild im Herzen Norddorfs, das seit jeher von dem ältesten Hotel der Insel beherrscht wird.

Hohe Qualität bestimmt auch die Küche des Hauses, der Holger Pfarr als Küchenchef vorsteht. Seine Erfahrungen reichen von der Großküche über die Sterne-Gastronomie bis hin zur edlen Kreuzfahrt-Segelyacht Sea Cloud.

Höhepunkte lukullischer Freuden bieten sich das ganze Jahr über in den beiden lichtdurchfluteten Restaurants des Hauses, die nicht nur Hotelgäste anziehen. Regelmäßig

Seit über 100 Jahren steht der Name Hüttmann auf Amrum für Qualität, Anspruch und Tradition. Das Haus blieb stets im Familienbesitz, seit Heinrich Hüttmann es 1892, zwei Jahre nachdem Amrum zum Seebad wurde, erwarb. Heute leitet Peter Kossmann das Hotel gemeinsam mit Frau Barbara in der vierten Generation. Seit nunmehr 17 Jahren pflegt er das Vorhandene, erneuert und erweitert, immer unter der Prämisse, den Charakter des harmonisch gewachsenen Betriebes zu bewahren. Der Koch und Hotelbetriebswirt ist überall anzutreffen, nimmt sich stets Zeit für einen kurzen Plausch mit den Gästen, entwickelt neue Ideen. Ehefrau Barbara ist für die gelungene elegante Innenausstattung zuständig. Gemeinsam haben die beiden das Haus wieder zu einem glanzvollen

ROMANTIK HOTEL HÜTTMANN

PETER KOSSMANN
UAL SAAREPSWAI 2-6
25946 NORDDORF
TELEFON   0 46 82 - 9 22-0
TELEFAX   0 46 82 - 9 22-1 13
E-MAIL INFO@HOTEL-HUETTMANN.COM
WWW.HOTEL-HUETTMANN.COM

über Spargel und sommerlich-leichte Salate bis hin zu Wild und Gans im Novem-ber. Schwer fällt die Wahl sicher bei all den kreativen und leichten, frischen Gerichten, die den Gaumen genussvoll herausfordern. Karamelisierter Red Snapper auf Kartoffel-Ruccolapüree mit Ananas-Safran-Sauce, Fenchel-Orangen-Suppe mit Garnelen, Pharisäerparfait – alle Gerichte beweisen eine innovative Kreativität. Das Essen wird zum Erlebnis, genau wie der Urlaub selbst auf Amrum – der stillen Schönheit der Nordsee.

werden Speisekarte und ein kulinarischer Kalender bezogen auf saisonale Ereignisse neu konzipiert, vom Biikebrennen im Februar, bei dem der Abschied vom Winter traditionell mit Grünkohl gefeiert wird,

MEDAILLONS VOM DAMWILD AN PFEFFER-KIRSCH-SAUCE MIT BROKKOLISOUFFLÉ IN DER KARTOFFEL

Zutaten:

ca. 12 Medaillons
600 g Brokkoli
3 Eier, getrennt
4 Kartoffeln
Salz, Pfeffer, Muskat
2 Schalotten, fein gewürfelt
Salz
30 g eingel. grüner Pfeffer
20 g Waldblütenhonig
150 g Kirschen, entsteint
5 cl Kirschwasser
1 EL Butter
150 g geschl. Sahne
0,75 l Wildfond

Zubereitung:

Brokkoli blanchieren, pürieren, mit Salz, Pfeffer, Muskat würzen, erkalten lassen. Erst Eigelb, dann steif geschlagenes Eiweiß unterheben. Die Kartoffeln längs halbieren und so aushöhlen, dass ein 5 mm breiter Rand entsteht. Das Gemüsesoufflé einfüllen, in eine feuerfeste Form mit etw. Wasser setzen. Im vorgeheizten Backofen bei 175 °C ca. 20-25 Min. garen.

Schalotten und Pfeffer in Butter anschwitzen. Honig hinzugeben, mit Kirschwasser ablöschen. Kirschen zugeben, mit Wildfond auffüllen. Die Sauce reduzieren, pürieren, durch ein Sieb seihen. Erneut zum Kochen bringen, nochmals reduzieren, mit Salz abschmecken. Zum Schluss Sahne unterheben. Medaillons würzen, beidseiteig ca. 3-4 Min. anbraten. Auf einem Teller einen Saucenspiegel ansetzen. Medaillons mit Brokkoli-soufflé-Kartoffel darauf anrichten.

GRAF LUCKNER

HOTEL-RESTAURANT
GRAF LUCKNER

FAMILIE JÖNS
MADELWAI 4
25946 NORDDORF
TELEFON   0 46 82 - 94 50-0
TELEFAX   0 46 82 - 94 50-37
E-MAIL GRAF.LUCKNER@T-ONLINE.DE
WWW.GRAF-LUCKNER-AMRUM.DE

RUHETAG: MITTWOCH

Genehmigung Graf Luckners höchstpersönlich ein. Das alles liegt lange zurück. Seit 1996 führen Gunnar Jöns und seine Frau Kerstin das Haus in zweiter Generation. Aus der Pension ist inzwischen ein harmonisch in die Architektur der Umgebung eingefügtes Hotel mit 18 Zimmern geworden, das von zahlreichen Stammgästen besucht wird, die besonders das familiäre Ambiente schätzen. Hier gibt es zum Frühstück noch hausgemachte Marmelade von Amrumer Beeren, keine Massenware aus dem Supermarkt. Der heutige Chef kehrte nach der Ausbildung zum Koch und lehrreichen Jahren in Deutschland und der Schweiz nach Amrum zurück, wo er seine spätere Frau Kerstin kennen

Als Felix Graf von Luckner sich im Ersten Weltkrieg als „Seeteufel" auf hoher See bewährte, wusste er noch nicht, dass man viele Jahre später ein Hotel auf Amrum nach ihm benennen würde. Der Urgroßvater des heutigen Besitzers Gunnar Jöns taufte sein Schiff einst auf den Namen des berühmten Seeoffiziers, doch als dieser auch Pate für die kleine Pension der Familie Jöns werden sollte, holte man sich die

lernte und dafür sorgte, dass die gebürtige Fränkin die Insel zu ihrer neuen Heimat machte. Heute haben die beiden drei Kinder und sind ein eingespieltes Team. Kerstin Jöns zaubert stilsicher farblich auf die Jahreszeit abgestimmte kreative Dekorationen im Restaurant, in dem besonders die wunderschöne friesische Kommode aus dem 18. Jahrhundert ins Auge fällt. Extra-Wünsche können gern geäußert werden, denn hier spürt man ein

freundschaftliches Verhältnis zwischen Hotelier und Gast, der sich wie zu Hause fühlen darf, egal ob er zu zweit, mit der Familie oder dem Hund anreist. Viele Gerichte werden durch Marktlage und Saisonangebot bestimmt, wenn es irgend geht, werden sie aus der Region bezogen. Die Wochenkarte, Ergänzung des festen Stammangebotes, trägt dem saisonalen Wechsel besonders Rechnung. Eine bodenständige, regionale Küche, vermischt mit internationalen Einflüssen, will die Familie Jöns ihren Gästen bieten. Nicht umsonst gehören gerade die regionalen Gerichte zu den beliebtesten Spezialitäten des Hauses, wie das vorgestellte Rezept - der gekohlte Schichtfisch -, „Lun an Strun", wo ein Steak eine reizvolle kulinarische Verbindung mit Gambas und Muscheln eingeht, das Lammgehackte von Föhrer Tieren oder die süßen Leckereien, die fast allesamt nach alten Hausrezepten zubereitet werden. Sicher hätte auch Graf Luckner nicht dem Bratapfel nach Oma Boyens oder den Friesenwaffeln mit Pflaumenmus widerstehen können ...

GEKOHLTER SCHICHTFISCH MIT DILLRAHMSAUCE

Zutaten:

1 Wirsingkohl
je 250 g Lachs-, Steinbeißer-, Rotbarschfilet, in dünne Scheiben geschnitten,
Saft von 1 Zitrone
Salz, Pfeffer
evt. Käse (Gouda, Edamer)

Sauce:

250 ml Fischfond (oder Rinderbrühe)
je 100 ml Sahne und Vollmilch
50 ml trockenen Weißwein
je 50 g Butter und Mehl
1 Essl. Worcestersauce
1 Bund Dill
Pfeffer, Salz

Zubereitung:

Nur die inneren, hellen Wirsingblätter waschen, ca. 10 Min. in kochendem Salzwasser bissfest garen, in ein Sieb geben. Eine gebutterte Auflaufform mit einer Wirsingschicht auslegen. Steinbeißer darauflegen, mit Salz, Pfeffer, Zitronensaft würzen. Dann folgt: eine Schicht Kohl, Lachs, würzen, Kohl, Rotbarsch, würzen. Mit Kohl abschließen. Mit Alufolie abgedeckt im Backofen bei 110°C ca. 40 Min. garen. Nach Belieben mit Käse überbacken.
Butter zerlassen, Mehl unterrühren, mit Brühe ablöschen, Milch, Sahne, Weißwein zugeben, unter Rühren aufkochen, mit Pfeffer, Salz und Worcestersauce abschmecken. Gehackten Dill zugeben. Fisch gemeinsam mit der Sauce und Salzkartoffeln anrichten.

Ual Öömrang Wiartshüs

**Hotel-Restaurant
Ual Öömrang Wiartshüs**

Bräätlun 4
25946 Norddorf
Telefon 0 46 82 – 8 36
Telefax 0 46 82 – 14 32

Ruhetag:
Mittwoch (nur November – April)
Betriebsruhe: Januar – Mitte Februar

Der Ursprung des Ual Öömrang Wiartshüs – des Alten Amrumer Wirtshauses –
liegt im 18. Jahrhundert. Doch auch dieses
historische Gebäude fiel – wahrhaftig keine
Seltenheit in Nordfriesland mit seiner typischen Reetdachbauweise – einem Feuer zum
Opfer. Vor über 50 Jahren machte der Vater
von Hans Decker das Haus im alten Ortsteil
von Norddorf zum Wiartshüs, zehn Jahre
später kam das Hotel hinzu. 1973 übernahm
Sohn Hans nach der Ausbildung zum Koch
in Flensburg und Stationen in Hamburg
und Süddeutschland das Anwesen. 1986
zwang ihn der Brand dann, das Haus völlig
neu aufzubauen. Heute gibt es zwölf Zimmer unter Reet, Dachgauben und schräge

Wände inklusive. Die Hotelgäste haben die
Wahl zwischen Halb- und Vollpension, aber
auch Urlauber, die anderswo Quartier bezogen haben, sind jederzeit willkommen bei
Hans und Ute Decker.

Den vielen Stammgästen des Alten Wirtshauses tragen einige Gerichte auf der Speisekarte Rechnung. Omas Fischpfanne, Wildente, Steinbutt und der Aal aus eigener Räucherei sind so beliebt, dass Hans Decker sie nicht von der Karte nehmen kann. Regionale Fischgerichte überwiegen in der Küche des Ual Öömrang Wiartshüs. Dazu bietet Decker Weine aus deutschen, italienischen und französischen Anbaugebieten an. Eine weitere Spezialität ist der hausgemachte Eiergrog. Da ist es gut, dass man hier meist zu Fuß unterwegs ist ... Selbstverständlich kommen die Gäste wegen der friesisch-guten Küche, der Qualität der Zutaten und der Beständigkeit des Hauses. Doch allein das Ambiente ist Grund genug, im Ual Öömrang Wiartshüs einzukehren. Die Deckers haben mit viel Liebe zum Detail ein gelungenes Interieur geschaffen, das original friesische Bestandteile aufweisen kann. Unverzichtbar dabei natürlich die wunderschönen Delfter Kacheln, die noch aus dem historischen Gebäude aus dem 18. Jahrhundert stammen, ebenso wie die Türen des Hauses, die sicher viele interessante Geschichten erzählen könnten. Schiffe und maritimes Zubehör dominieren den niedrigen Raum mit den Holzbalken, der

pure Gemütlichkeit ausstrahlt. Auf dem Boden hat der Sammler Decker alte Terrakotta-Fliesen aus einem Kloster der Normandie verlegt. Das wirklich sehenswerte Ambiente bietet eine ideale Ergänzung zum lukullischen Angebot des Hauses. Wer in den beiden Räumen im Restaurant keinen Platz findet oder einen milden Sommerabend genießen will, der kann sein Essen auch im idyllischen Garten vor dem Haus einnehmen. Zwischen Bäumen und Rosenstöcken verweilt man gerne noch ein wenig, um den Urlaubstag harmonisch ausklingen zu lassen.

OMAS FISCHPFANNE

Zutaten:

Für 1 Person

250 g Steinbeißerfilet
1 Fleischtomate, entkernt, gewürfelt
50 g Speckwürfel
1 Zwiebel, gewürfelt
1 Birne, ungeschält, geviertelt
Butterschmalz
6 EL Sauce Hollandaise
100 g Schafskäse

Zubereitung:

Speck- und Zwiebelwürfel in einer Pfanne anschwitzen. Tomatenwürfel hineingeben und mitdünsten. Steinbeißerfilet in Butterschmalz anbraten, in eine kleine Pfanne setzen und mit Zwiebeln, Speck und Tomaten bedecken. Darauf zunächst die ansautierten Birnenviertel und anschließend mit einem Löffel die Sauce Hollandaise geben. Zuletzt den Schafskäse darüber bröckeln. In den Ofen geben und das Ganze bei 220° überbacken.

TORHAUS

Pächter einzogen. Eine Annonce brachte die ambitionierten Gastronomen auf die ihnen bisher noch völlig unbekannte Insel. Nach nur dreistündiger Ansicht entschieden sie sich für das Torhaus. Keine schlechte Wahl bisher. Die frische, von hoher Qualität gekennzeichnete Küche wurde begeistert angenommen. Ohne Reservierung ist es kaum mehr möglich, einen der 45 Plätze zu ergattern. Im Sommer gibt es zusätzliche Tische auf der mediterran gestalteten Terrasse im Innenhof des Friesenhofes, die einen weiten Blick übers Watt bis nach Föhr freigibt.

Das renommierte Hotel Traube Tonbach in der Gourmet-Hochburg Baiersbronn im Schwarzwald war Kilians Lehrstube. Danach avancierte er im Teutonis in Detmold zum Küchenchef, gehörte mit nur 21 Jahren zu den Aufsteigern des Jahres und erkochte sich 12 GaultMillau-Punkte. Auch Simone Oberdorfer, die für den äußerst liebenswürdigen und stets am Gast

RESTAURANT IM TORHAUS

UASTERSTIGH 33
25946 NEBEL
TELEFON   0 46 82 – 96 15 10
TELEFAX   0 46 82 – 96 15 11

RUHETAG: MITTWOCH

Als im Jahr 2001 der nach altem Vorbild neu erbaute Friesenhof „Kapitän Cornelius Bendixen" mit 3 stilgerechten Reetdachhäusern fertig gestellt wurde, war klar, dass das einladende Torhaus der Ferien-Anlage ein Restaurant beherbergen sollte. Ein Zufall sorgte jedoch dafür, dass gerade Uwe Kilian und Simone Oberdorfer hier als

Die Karte wird fast täglich – bewusst nicht regional - neu zusammengestellt. Kilian wagte es, Kalbs-Tafelspitz, Schweinebraten, Spätzle und Leberkäse ins Angebot zu nehmen – und hatte Erfolg mit dieser Strategie, die eine Nische besetzt in der sonst von regionalen Spezialitäten beherrschten Inselküche. Mittags gibt es ein täglich wechselndes 3-Gang-Menü. Im Sommer kommt freitags frische Scholle direkt vom Hamburger Fischmarkt auf den Tisch des Torhauses. Für jene, die nur wenig Hunger haben, gibt es kleinere Portionen, und Kinder dürfen das bestellen, was sie gerne essen – außer Pommes, die sucht man in Kilians Küche vergebens.

Für den Weinkenner kann das Torhaus mit einer breiten, internationalen und gut sortierten Auswahl von Europa bis nach Chile aufwarten.

Flexibilität, Konzentration auf den Gast und Liebe zum Beruf stehen im Mittelpunkt der täglichen Arbeit des hochprofessionellen jungen Teams.

Und das spürt und schmeckt man auch ...

orientierten Service zuständig ist, sammelte als Hotelfachfrau in der Sterne-Gastronomie wertvolle Erfahrungen. Gemeinsam mit den 3 Mitarbeitern ergänzen sie sich in einem rundum gelungenen Konzept.

Das Interieur ist klassisch schlicht, helle Wände, warmes Holz, terrakottafarbene Bodenfliesen und schwarze Lederausstattung ergeben ein harmonisches Bild.

LASAGNE VON GERÄUCHERTER WILDENTENBRUST UND REIBEKUCHEN

Zutaten:

1 Wildentenbrust, geräuchert
5 mittelgr. Kartoffeln
2 Eigelb
Mondamin
150 g Crème fraîche
Curry, Salz, Pfeffer, Muskat
Milch
Olivenöl
150 g Feldsalat

Vinaigrette:

1/2 EL Balsamico
2 EL Kürbiskernöl
1/4 Essl. Wasser
Zucker, Salz Pfeffer

Zubereitung:

Aus den Zutaten eine Vinaigrette herstellen. Crème fraîche mit Curry, Salz, Pfeffer und etw. Milch glatt rühren, so dass eine flüssige Sauce entsteht. Entenbrust eine halbe Stunde vor Gebrauch aus dem Kühlschrank nehmen. Dann in hauchdünne Scheiben schneiden, etwas plattieren. Kartoffeln fein reiben, mit Salz, Pfeffer, Muskat würzen, Eigelb und 1 Messerspitze Mondamin unterheben. Salat waschen und säubern, dann leicht durch die Vinaigrette ziehen und auf dem oberen Tellerrand anrichten. Olivenöl erhitzen und pro Person 4 ca. 5 cm große Taler goldgelb ausbacken. Mit einem Küchentuch abtupfen.

Anrichten:

Auf einen Reibekuchen 2 Entenbrustscheiben und etwas Currysauce geben, es folgt ein Reibekuchen usw., bis eine vierstöckige Lasagne entstanden ist.

SEEKISTE

Wellem Peters seinen Lebenstraum. 1975, nach der Ausbildung zum Koch und Lehr- und Wanderjahren im In- und Ausland, erwarb er das einstige Haus des Dorfschusters und Kirchendieners und betrieb zunächst einen Antiquitätenladen, dann eine Speise- und Schankwirtschaft in der Seekiste. Als seine Gäste vermehrt zum Essen denn zum Trinken und Klönen kamen, erweiterte er sein kulinarisches Angebot. Farbenfrohe Blumen empfangen den Gast vor dem Haus und im mediterranen Wintergarten, der selbst bei Regen Platz „im Freien" bietet. Im von warmem Holz dominierten Restaurant, das sich über zwei Ebenen erstreckt, gewähren Walzähne, Delfter Kacheln und Ölbilder mit Schiffsmotiven Einblick in eine maritime Vergangenheit. In der Küche stehen Qualität und Frische der Zutaten im Vordergrund, doch von Novelle Cuisine hält der weit gereiste Friese nichts, der Gast darf auch bei hohem Anspruch an sein Essen satt das Restaurant verlassen. Geschmackvoll auch die Weinauswahl der Seekiste. Wein ist das sorgsam gepflegte Hobby von Wellem Peters, regelmäßig besucht er verschiedene Anbaugebiete und kauft die edlen Tropfen direkt beim Winzer. Stamm- und Tageskarte werden von Fisch und Lamm bestimmt. Die betont leicht konzipierte Saisonküche folgt wie andernorts auch dem Jahreszeitenkalender mit Matjes

RESTAURANT SEEKISTE

SMÄÄLJAAT 2
25946 NEBEL
TELEFON   0 46 82 – 6 40
TELEFAX   0 46 82 – 14 21

RUHETAG: MONTAG
BETRIEBSRUHE: NOVEMBER – 25. DEZEMBER

Das pittoreske Reetdachhaus, das die Seekiste beherbergt, liegt etwas versteckt in einem romantischen Gässchen des Friesendorfes Nebel, unweit von St.-Clemens-Kirche und Windmühle. Hier verwirklichte der ambitionierte Gastronom

und Spargel im Frühjahr oder Rübenmus zum Lamm im Herbst. Während einige Gäste, zu denen auch schon einmal die ehemaligen Bundespräsidenten Roman Herzog und Richard von Weizsäcker gehörten, erst

am Abend in die Seekiste kommen, um den Urlaubstag gemütlich ausklingen zu lassen, erscheinen andere schon zur Brotzeit am Nachmittag. Peters war der erste Gastronom der Insel, der neben süßen Spezialitäten zum Kaffee auch Herzhaftes, wie beispielsweise den „Strammen Lax", anbot. Wer den Hauptgang, z. B. das „Nachtmahl des Inseldoktors", das aus eingelegtem Hering, Räucherlachs, Nordseekrabben und Ööksensees, einem friesischem Käse, besteht, oder die süß-saure Ente mit Drambuie-Honigkruste, nicht erwarten kann, dem empfiehlt der Chef zuvor eine hausgemachte Fischsuppe. Das vorgestellte Rezept, das zu den beliebtesten Gerichten in der Seekiste gehört, hat er übrigens aus Schweden mitgebracht, und zwar aus dem Operekällaren in Stockholm.

SCHORNSTEINFEGER

Zutaten:

ca. 25 kleine, frische,
ausgenommene Heringe
5 EL Butter
Salz
reichlich Dill

Zubereitung:

Heringe sorgfältig waschen und trockentupfen. Eine große gusseiserne Pfanne mit wenig Butter einreiben, erhitzen, dann den Boden mit einer dünnen Schicht Salz bestreuen. Die Heringe hineinlegen und von beiden Seiten knusprig braten, bis sie fast schwarz sind, damit sie ihren Namen auch verdienen. Vor dem Servieren die Schornsteinfeger mit reichlich gehacktem Dill bestreuen.

Dazu werden in der Seekiste Bratkartoffeln und im Winter ein Büsumerkraut gereicht, das ist ein mildes Weinsauerkraut, mit Krebsbutter angeschmort und mit Crème frâiche und Weißwein verfeinert. Im Sommer ist ein knackiger Salat mit Zitronen-Sahne-Dressing die Beilage.

Likedeeler

Restaurant Likedeeler

Stianoodswai 29 a
25946 Steenodde
Telefon   0 46 82 - 7 77
Telefax   0 46 82 - 96 11 68
www.likedeeler-amrum.de

Ruhetag: Dienstag

Steenodde bedeutet Ruhe und Erholung in reinster Form. Nur einige, besonders sehenswerte Friesenhäuser sind hier zu finden, ansonsten kann man Pferde beobachten, den kleinen Hafen umrunden und die Ruhe des Watts auf sich wirken lassen – Urlaub pur eben.

Am Abend bietet sich dann das direkt am Watt gelegene Restaurant Likedeeler für einen genussvollen Abschluss des Tages an. In dem rustikalen, von warmem Holz dominierten Raum bilden einzelne Blumen, Öl-bilder mit Inselmotiven und Tische ohne Tischdecken eine bewusst sparsame, aber darum umso akzentuiertere Dekoration. Im Sommer kann man zusätzlich im Winter-

garten die frische regionale Küche, in der Convenience-Produkte keine Chance haben, genießen. „Wir wollen die Gäste mit dem Regionalen, aber dem Mut zur eigenwilligen Variation überraschen", beschreiben die Jessens ihre Küche. Die nur sechs Tische im Restaurant bieten dem Gast Ruhe und Entspannung beim Genießen, machen aber eine Tischreservierung unbedingt erforderlich. Eigentlich ist Klaus Jessen kein „richtiger" Koch, sondern Lehrer. Aber der Gastronomie-Autodidakt war um Ideen nie verlegen. Als er 1989 sein Elternhaus zum Restaurant umbaute, besetzte er mit einer Vollwert- und vegetarischen Küche eine Nische auf der Insel. 1999, inzwischen hatte er ein historisches Friesenhaus restauriert, Strandkörbe vermietet und Friesisch gelehrt, kam er, nun gemeinsam mit Ehefrau Sonja, zurück in den Likedeeler. Die Touristikfach-

wirtin bringt die weibliche Note kreativ mit in den Betrieb ein und sorgt herzlich-charmant für den Service. Der aus dem Saarland stammende Küchenchef Thomas Hauck zeichnet für französisch-elsässische Einflüsse verantwortlich, was sich besonders bei Desserts und Gewürzen auf köstliche Art und Weise bemerkbar macht. Eine Tageskarte ergänzt das feste Angebot und bietet die Möglichkeit, auf den Markt zu reagieren, wenn gerade ein Kutter frischen Fisch anlandet, Muscheln, Spargel oder Wild im Angebot sind.

Beim Essen sollte man es vielleicht halten wie die Gefolgsleute des Piraten Störtebeker, die sich Likedeeler nannten, was sich von „like = gleich" und „deelen = teilen" ableitet, weil sie ihre Beute zu gleichen Teilen aufteilten. Dann kann man gleich mehrere Spezialitäten auf einmal genießen.

PFEFFERNUDELN VOM SALZWIESENLAMM MIT BLATTSPINAT UND SCHAFSKÄSE

Zutaten

600 g Lammfilet vom Salzwiesenlamm
600 g frischer Blattspinat (ersatzweise 300 g TK-Blattspinat)
500 g Penne rigate
200 g Schafskäse, gewürfelt
6 Tomaten, ohne Fruchtfleisch, klein gewürfelt
1 TL eingel. grüner Pfeffer
1 TL rosa Pfefferbeeren
375 ml Lammfond
100 g Pecorino mit Pfeffer (oder Parmesan)
4 Knoblauchzehen, ohne Schale
4 Schalotten, fein gewürfelt
Pfeffer, Salz, Olivenöl

Zubereitung

Knoblauchzehen mit etw. Salz im Mörser zerstoßen, mit Schalotten in Olivenöl glasig dünsten. Gewaschenen Spinat tropfnass hinzugeben, bei geschlossenem Deckel so lange garen, bis der Spinat zusammengefallen ist. Nudeln inzwischen „al dente" kochen. Filet in ca. 2 cm lange Stücke schneiden, mit Pfeffer, Salz würzen, in heißem Olivenöl kräftig anbraten. Ausgedrückten Spinat hinzugeben und weiterbraten, bis die Flüssigkeit fast verdampft ist. Lammfond, grünen Pfeffer, Schafskäse- und Tomatenwürfel hinzufügen. Nudeln abgießen und Lammfleisch ohne Flüssigkeit daraufgeben. Warmhalten. Verbleibende Sauce mit Pfeffer, Salz würzen, evt. leicht abbinden. Sauce in den Nudel-Topf geben und alles gut vermischen. Auf Tellern anrichten und zum Abschluss mit Pecorino und rosa Pfefferbeeren bestreuen.

BLAUE MAUS

nes Aufenthaltes bei Jan von
der Weppen, genannt Janni,
und Uta Johannsen reinzu-
schauen. Es gibt sogar eine
eigene Bushaltestelle - für
jene Gäste, die aus gutem
Grund ohne Auto oder Fahr-
rad – das wohl am meisten
genutzte Transportmittel auf
der Insel – kommen.

Eine Spezialität des Hauses
ist nämlich das selbst in den
Bars großer Städte eher selten
anzutreffende umfangreiche
und hochwertige Whisky-
Angebot. Man hat die Wahl
zwischen über 100 Sorten aus
all jenen Teilen der Erde, die
den edlen Branntwein herstellen, vom klassischen schotti-
schen Single Malt über kana-
dischen und amerikanischen
Bourbon bis zu einem original
Amrum-Whisky. Von vielen
Destillerien hält Janni gleich

Die Blaue Maus ist auf Amrum ungefähr
so bekannt wie der sprichwörtliche bunte
Hund. Kaum ein Urlauber lässt es sich nehmen, nicht mindestens einmal während sei-

mehrere Sorten unterschiedlichen Jahrgangs
und Geschmacks für den Liebhaber des
edlen Getränks bereit. Wer eher exotische
Cocktails präferiert, sollte die originellen
Kreationen wie „Liebe am Strand", eine
Abwandlung des Klassikers „Sex on the
Beach", oder „Sabines Abend", der seine
ganz individuelle Entstehungsgeschichte
hat, probieren. Für den kleinen Hunger
zwischendurch bieten sich einige Leckereien wie die beliebte hausgemachte
Krabbensuppe an.

Die Einrichtung der Blauen Maus ist urgemütlich und originell. Jedes Stück an
Decke und Wänden erzählt Geschichten, die
einem Abenteuerroman von Daniel Defoe
entsprungen sein könnten. Schiffszubehör,
Wrackteile und Strandgut erinnern den fan-
tasiebegabten Besucher ein wenig an die
Strandräuber-Vergangenheit der Insulaner
vergangener Jahrhunderte – all die liebevoll dekorierten Stücke hat der Segler von
der Weppen von Reisen mitgebracht, als
Geschenk erhalten, am Strand oder auf den

BLAUE MAUS

INSELSTRASSE
25946 WITTDÜN
TELEFON   0 46 82 – 20 40
TELEFON   0 46 82 – 14 79

RUHETAG: DONNERSTAG

anderen nordfriesischen Inseln entdeckt. Die Petroleum-Lampen beispielsweise stammen von der Hallig Hooge, aus einer Zeit, in der es dort noch keine Elektrizität gab. Seit 1971 steht Janni hinter dem Tresen seines Geburtshauses. Vier Jahre später übernahm er den Betrieb von seiner Mutter, damals hieß die „Maus" noch „Zum Leuchtturm", da zu jener Zeit die umstehenden Bäume noch nicht so hoch gewachsen waren und man eine gute Sicht auf das 1875 erbaute Leuchtfeuer hatte, das noch heute Seeleuten als Markierung dient. Die Herkunft des Namens „Blaue Maus" liegt im Dunkeln. „Es gibt da zahlreiche Geschichten", meint Janni in seiner gewohnt friesisch-knappen, aber herzlichen Art, „aber keine ist beweisbar."

Jan von der Weppen und Uta Johannsen lieben es, hinter der Theke zu stehen, den Gästen zuzuhören und ab und zu selbst mal aus dem Nähkästchen zu plaudern. Alt und Jung trifft sich hier beim abendlichen Klönschnack, um den Tag gemütlich ausklingen zu lassen, denn dieses originelle und einzigartige Ambiente findet sich kein zweites Mal in der gesamten nordfriesischen Inselwelt. Besonders heimelig ist es im Winter. Dann ist es nicht so voll wie im Sommer, wenn sich hier Touristen aus ganz Deutschland drängeln. In der kalten Jahreszeit treffen die wenigen Urlauber auf echte Amrumer und all jene, die das Schicksal auf diese Insel verschlagen hat. Dann kann man Geschichten hören, die spannender sind als Kino.

SCHMUNZELWASSER

Zutaten:

2 cl weißer Tequila
2 cl Aquadente
2 cl Escorial grün
8 cl Orangensaft

Zubereitung:

Alle Zutaten in einem Shaker mixen, in ein Glas gießen und mit gestoßenem Eis auffüllen. Mit einer Limettenscheibe und Zitronenmelisse garnieren.

Typische Köstlichkeiten wie Tintenfischringe, Scampi und Fischkibbiling

FÖHR – DIE SANFTE IDYLLE

Föhr bietet viel Natur, ein mildes Klima und genügend Raum zum Entspannen. Auf 82 km² verteilen sich 17 Dörfer, eine Stadt – und eine abwechslungsreiche Landschaft: ein 15 Kilometer langer Sandstrand zwischen Wyk und Utersum, grüne Deiche, Wiesen und Weiden zwischen Marsch und Geest. Die Insel liegt im Lee, d. h. im Schutz ihrer Schwestern Amrum und Sylt sowie der Halligen und weist daher ein besonders mildes

Klima auf. Der fruchtbare Boden wird seit Jahrhunderten bestellt, es gibt über 100 Bauernhöfe, die sich großzügig über das Marschland verteilen und häufig den gerade bei Familien so beliebten Urlaub auf dem Bauernhof anbieten. Die vielen kleinen Friesendörfer weisen allesamt einen individuellen Charakter auf. Wyk, größte Gemeinde und einzige Stadt der Insel, und das wunderschöne Dorf Nieblum bilden die beiden Touristen-Zentren Föhrs. Wyk ist ein lebhaftes Hafenstädtchen, bereits seit 1819 Seebad, mit verwinkelten

Gässchen und alten Kapitänshäuschen, einer weitläufigen Fußgängerzone mit vielen Geschäften, Restaurants, Cafés und Souvenirshops. Man kann gemütlich flanieren, genussvoll schlemmen – Föhr ist besonders berühmt für köstliche Muschelgerichte – und das lebendige Treiben am Fähr- und Yacht-Hafen beobachten. Der Fischereihafen lädt zur Kostprobe tagesfrischer Meeresfrüchte ein. Hier steht man auch voller Ehrfurcht vor dem imposanten Flutmarker, der die höchsten Pegelstände der Sturmfluten vergangener Jahrhunderte anzeigt.

Die Altstadt trägt noch deutliche Züge der Zeit, da Föhr unter dänischer Herrschaft stand. Obwohl viele Gebäude dem letzten schweren Brand von 1869 zum Opfer fielen, ist eine malerische Idylle allgegenwärtig. Von der fast mondänen Zeit des Badeortes, den auch Dänenkönig Christian VIII. einige Sommer lang schätzte und mit so illustren Gästen wie dem Dichter Christian Andersen anreiste, zeugen heute noch die Jugendstilvillen und

der 100-jährige Kurpark. Wyk empfing als einziges Nordseebad sogar während des Ersten Weltkrieges Badegäste und avancierte 1949 zum Nordseeheilbad.

Sehenswert ist auch das Friesenmuseum – zwei riesige Walkieferknochen verweisen bereits von weitem auf den Eingang - mit seinen umfangreichen Exponaten zu den Themen Geologie, Geschichte, Fauna und Flora, Handwerk und Seefahrt. Eine Bockwindmühle, eine landwirtschaftliche Scheune aus dem 18. Jahrhundert und das „Haus Olesen", das älteste, erhaltene Wohnhaus Nordfrieslands von 1617, gehören ebenfalls zum Gelände.

Im zweitgrößten Ort der Insel taucht man in eine ganz andere Welt ein. Nieblum besticht durch seine beeindruckende Fülle an reetgedeckten Friesenhäusern, prachtvollen Bauerngärten und unzähligen Rosenstöcken. Gepflasterte Straßen, Linden- und Ulmenalleen, der Dorfteich – man sieht sich ins 19. Jahrhundert versetzt, als die Kapitäne der Handelssegelschiffe und altgediente Walfänger sich in diesen Kleinoden friesischer Baukunst mit den kunstvoll geschnitzten Haustüren zur Ruhe setzten. Die oft als „Friesendom" bezeichnete St. Johannis-Kirche ist das bekannteste Bauwerk der Insel. Ungewöhnlich trutzig erhebt sich das aus Backstein erbaute Gotteshaus aus dem 12. Jahrhundert in die Höhe, seine Größe symbolisiert eindrucksvoll die hohe Stellung der einstigen Hauptpfarrkirche der Inseln Föhr und Amrum. Ein dreiflügeliger

Schnitzaltar aus dem 15. Jahrhundert, ein prachtvolles Granit-Taufbecken und die edle Renaissance-Kanzel zählen zu den Kirchenschätzen. Die 265 „sprechenden" Grabsteine des Friedhofes berichten über bewegende bis heitere Föhrer Biographien aus vergangenen Jahrhunderten.

Auch jede der 17 Dorfschönheiten von Alkersum bis Wrixum hat etwas zu bieten, und sei es nur eine vollkommene Ruhe, die höchstens einmal vom Wiehern eines Pferdes unterbrochen wird. Die St. Nicolai-Kirche in Boldixum und St. Laurentii in Süderende ähneln St. Johannis in Ausstattung und Bauweise und stammen ebenfalls aus dem Mittelalter. Goting ist wegen seines gleichnamigen Kliffs, das sich bis zu

fünf Meter hoch erhebt, erwähnenswert.
Das romantisch anmutende Oevenum mit
hübschen Reethäusern und engen Gässchen
beheimatet das Landwirtschaftliche Museum
und ist im Sommer Schauplatz des sehr
beliebten Bauernmarktes.

Die Wrixumer Windmühle öffnet als einzige
der fünf Windmühlen der Insel ihre Tore für
interessierte Besucher.

Hier auf Föhr - wo „weite Geesten und
klare Marschen ... eine beschauliche Weh-
mut atmen", wie Christian Morgenstern es
einmal beschrieb - kann man den Alltag
vergessen und eintauchen in die harmonische Einheit aus beschaulichen Dörfern,
lebhaftem Stadtleben und einer idyllischen
Natur.

LANDHAUS LAURA

HOTEL RESTAURANT CAFÉ
LANDHAUS LAURA

BUURNSTRAT 49
25938 OEVENUM
TELEFON   0 46 81 - 59 79 0
TELEFAX   0 46 81 - 59 79 35
E-MAIL LANDHAUS-LAURA@FOEHR.NET
WWW.LANDHAUS-LAURA-FOEHR.DE

RUHETAG: DIENSTAG

Eine herzliche Gastfreundschaft belebt das renovierte und stilsicher eingerichtete Landhaus Laura im Bauerndorf Oevenum, das, idyllisch an Geestrand und Marsch gelegen, dem Urlauber völlige Entspannung bietet. Nach der Ausbildung zum Koch, Restaurantfachmann und Sommelier lernte Jörn Sternhagen seine spätere Frau Claudia, ebenfalls Hotelfachfrau, während des Studiums zum Hotelbetriebswirt kennen, das beide erfolgreich abschlossen. 1998 erwarben sie dann das Landhaus, gestalteten es mit Hilfe des Designers Jörg Peters behutsam um und brachten es zu neuem Glanz. Seitdem ist das Anwesen ganzjährig für Gäste attraktiv. Im Sommer beeindruckt der romantische Innenhof mit Bauerngarten, in dem Kräuter, Blumen und Obstbäume duftend den Gast umgeben. Viele Stammgäste kommen aber auch in der

kälteren Jahreszeit gern ins Landhaus Laura, das nun mit dem kleinen, feinen Wellness-Bereich – eine Suite verfügt so-

gar über eine eigene Sauna –, dem urgemütlichen Restaurant mit Kachelofen und nicht zuletzt mit interessanten Herbst- und Winterangeboten sowie einem Seminarraum lockt. Mehrfach als nationalparkfreundliches Hotel ausgezeichnet, zählt das Haus heute zu den führenden Country-Adressen Deutschlands. Kreativ wurden die Vorgaben der über 300-jährigen Vergangenheit genutzt: Im früheren Kälberstall, wo der freigelegte Steinfußboden noch an alte Zeiten erinnert, wird heute im friesisch gestalteten Interieur, zu dem „Omas Sofa" in der Ecke ebenso wie liebevoll dekorierte Accessoires gehören, das reichhaltige Frühstücksbüfett eingenommen oder zur Weinprobe eingeladen. Am urigen Tresen, wo einst der Zuchtbulle stand, trifft man sich zum Klönschnack bei hiesigen Tee- und Kaffeespezialitäten. Die 15 individuell gestalteten Zimmer, von modern-elegant über antik mit Stilmöbeln bis hin zu friesisch mit Alkovenbetten, beweisen einmal mehr den besonderen Charme des ehemaligen Reethofes. In der Küche arbeitet Sternhagen mit Produkten aus der Region im Rhythmus der

Saison. Fischgerichte, wie das ausgewählte Rezept, bilden den Schwerpunkt. Neben der Hauptkarte werden täglich Hausgerichte, im Wechsel Fisch oder Fleisch, angeboten. Herzhafte Snacks am Nachmittag ergänzen das Konzept seiner bodenständigen Gerichte. „Wir berücksichtigen die Individualität unserer Gäste. Service ist oberstes Gebot. Eine gut zubereitete Currywurst kann ebenso zu einem Geschmackserlebnis werden wie ein mehrgängiges Menü, wenn Qualität und Frische der Zutaten gewährleistet sind", meint der engagierte Hotelier.

⊙EVENUM

FISCHPFANNE LANDHAUS LAURA

Zutaten:

Je 300 g Lachs-, Rotbarsch- und Dorschfilet
120 g Nordseekrabben
4 Scheiben Räucherlachs
1 Zitrone
Öl
Butter
Anis
Pfeffer, Salz

Sauce:

0,75 l Fischfond
0,4 l Crème fraîche
0,1 l Weißwein, halbtrocken

Beilagen:

250 g Karotten, geschält,
in Scheiben geschnitten
je 250 g Blumenkohl und Brokkoli,
in Röschen zerteilt
250 g Basmatireis

Zubereitung:

Fischfilets säubern, säuern, salzen und würfeln. In wenig Öl gleichmäßig anbraten. Aus der Pfanne nehmen, bei Oberhitze im Backofen 5-10 Minuten bei 150 °C gar ziehen lassen.

Fischfond in die Pfanne geben, Crème fraîche unterziehen, Weißwein zugeben. Aufkochen und reduzieren lassen. Vor dem Servieren bei schwacher Flamme mit kalter Butter Sauce montieren. Mit Salz und Anis abschmecken. Karotten, Blumenkohl und Brokkoli blanchieren, ca. 7-10 Minuten dünsten. Pfeffern, salzen. Auf einem Teller Fischwürfel mit Weißweinsauce maskieren, Krabben darübergeben und mit Lachsrose und Zitronenscheibe garnieren. Gemüse und Basmatireis anlegen, mit Anis abstauben.

WOLLFLUR

Oldsumer Ortsteil Toftum. Hier hat so mancher Wollstrang einen eigenen Namen, nämlich den des Schafes, das die Wolle dafür gespendet hat. Hier gibt es Unikate, die Gerti, Clara oder Nora heißen und in liebevoller Handarbeit hergestellt wurden. Die Schneidermeisterin Gaby Brandt eröffnete 1989 ihr gemütliches Lädchen, das sich damals tatsächlich auf den Flur des Hauses beschränkte, bis dieser aus allen Nähten platzte und der Stapel an wollweißen und schwarzen Fellen des Öfteren umzukippen drohte. Inzwischen hat man das einstige Kinderzimmer hinzugenommen und mehr Platz für Jacken, Schals, Mützen und Socken geschaffen. Begehrt sind auch die Lammfelle selbst, die nicht nur kuschlig warm sind, sondern auch verspannten Rücken gut tun. Wollige Ware aus anderen Ländern von Island über Irland bis Bolivien erweitert das Angebot um Alpaca-, Merino- und andere Schurwolle. Natürlich gibt es auch Wolle, die noch darauf wartet, verstrickt zu werden. Anregungen findet der Kunde hier ja zur Genüge.

WOLLFLUR

GABY BRANDT
TOFTUM 178
25938 OLDSUM
TELEFON   0 46 83 – 5 88
TELEFAX   0 46 83 – 5 88

Will man normalerweise einen Pullover kaufen, geht man in ein Kaufhaus und sucht sich aus dem Angebot in den Regalen einen heraus, der einem am besten gefällt. Aber weiß man damit auch, wie dieser Pullover entstanden ist und wo er gefertigt wurde? Wohl kaum.

Nicht so im Wollflur von Gaby Brandt im

Geburt, ziehen die Lämmer auf, scheren die Schafe, eine Aufgabe, die nicht gerade leicht ist, da die Tiere diese Prozedur nicht eben freiwillig über sich ergehen lassen. Daneben muss die Woll- und Hufpflege fachgerecht gehandhabt und ab und zu auch mal Tierarzt gespielt werden. Nach der Schur wird die Wolle sortiert und grob gereinigt, dann gründlich gekämmt, damit sich Knoten und Filz lösen und man sie spinnen kann. Im Wohnzimmer der Familie stehen zwei Spinnräder und abends wird gemeinsam gesponnen. Danach kommt die Wolle auf die Haspel, die sie bündelt, bevor sie gewaschen wird, und zwar ganz vorsichtig per Hand in Seifenlauge. Wenn die Wolle trocken ist, kann sie endlich verstrickt werden: zu einem Schal von Molly, einem Pulli von Lisbeth oder Viola ...

Übrigens: Bei ausreichender Nachfrage hält Gaby Brandt auch Spinnlehrgänge ab. Innerhalb weniger Stunden kann der Wollfreund sich dann die Grundfertigkeiten aneignen.

Auch den Schafen geht es gut bei Gaby Brandt. Je nach Witterung und Länge des Winters schwankt ihre Anzahl, doch meist sind es um die zehn Tiere, die sich auf den Wiesen rund ums Haus tummeln. Am schönsten zu beobachten ist dies im Frühling, wenn die neugeborenen Lämmer vor dem schönen alten Bauernhaus der Familie Brandt umherstaksen und ein wenig verwundert das Holzschaf mit dem echten Fell betrachten, das einem Wappentier gleich den Besucher begrüßt. Jedes Schaf ist ein Familienmitglied und wird liebevoll behandelt, schwache Lämmchen werden schon mal im eigenen Bett gewärmt und mit der Milchflasche aufgepäppelt. Den Böcken geht es dann aber doch meist an den Kragen, denn die sind, haben sie erst mal die Kinderstube verlassen, schwieriger zu halten. (Dann können die Urlauber frisches Lammfleisch bestellen!)

Das Leben der Familie wird von den Schafen bestimmt, obwohl sie nur durch Zufall zu ihren Tieren gekommen sind. Vor vielen Jahren bekamen die Brandts ein Lamm mit dem edlen Namen Olympia geschenkt, das aber nicht alleine bei seiner menschlichen Familie leben wollte. Es bekam Gesellschaft in Gestalt der Lammdame Helena - damit war der Grundstein für den Wollflur gelegt. Seitdem haben Gaby und Klaus Brandt viel über Schafe gelernt. Sie helfen bei der

STELLY'S HÜÜS

CAFÉ, MUSEUM, TÖPFERSTUBE UND TEELADEN STELLY'S HÜÜS

FAMILIEN STELLY UND KÖNIG
25938 OLDSUM
TELEFON 0 46 83 – 3 06
TELEFAX 0 46 83 – 2 13

GEÖFFNET:
APRIL–OKTOBER: 11 BIS 18 UHR
NOVEMBER–MÄRZ: MI – SO,
14 BIS 18 UHR

Zu einem Urlaub auf Föhr gehört ein Besuch in Stelly's Hüüs! Das behaupten nicht nur die vielen Stammgäste, sondern auch zahlreiche Reiseführer. Und dieses Haus, Inbegriff einer Erlebnisgastronomie der besonderen Art, ist wahrlich einen Besuch wert.

Unter dem Dach des romantischen, 1835 erbauten Friesenhauses vereinen sich Café, Töpferstube, Teeladen und ein kleines Museum, ein buntes Panoptikum der maritimen Welt. Die Eintrittskarte gilt übrigens das ganze Jahr über, was auf herzliche Weise zeigt, das hier ein Lebenstraum präsentiert wird, den Rolf Stelly, charismatischer Gründer des Museums, hier verwirklicht hat.

46

Schon als Stelly zum ersten Mal nach Föhr reiste, verliebte er sich in die grüne, stille Insel. Nach seiner Pensionierung 1967 zog er mit Frau Agnes und den beiden Töchtern von Hamburg ins malerische Oldsum und gab seinen außergewöhnlichen, komischen und beeindruckenden Sammlerstücken aus aller Welt ein Zuhause. Stets lief er mit einer Seemannsmütze umher, jedermann nannte ihn nur liebevoll „Herr Museumsdirektor" oder „alter Kapitän". Zur See ist der „Alltagsphilosoph" mit dem hintergründigen Humor jedoch nie gefahren, sein künstlerisches Empfinden legte vielmehr den Grundstock für sein Kuriositäten-Kabinett, zu dem sich mit der Zeit auch die Töpferei und das Café gesellten.

Seit dem Tod des „alten Kapitäns" 1999 führen seine Töchter das Haus in seinem Sinne weiter. Tochter Annetta König töpfert mit ruhiger und souveräner Hand ihre schönen Vasen, Vogeltränken, Backform, Tassen, Teller und Teekannen – allesamt Unikate –, und der Gast kann vom Café aus zuschauen und währenddessen selbst gebackene Kuchen und Torten, frische Waffeln, Milchreis und Rote Grütze nach alten Hausrezepten sowie eine herzhafte Tagessuppe genießen. Das Café liegt in den Händen von Annettas Tochter Annika und bleibt das ganze Jahr über geöffnet. Im Winter freuen sich Einheimische und die wenigen Touristen über die behagliche Atmosphäre des Cafés, duftende Bratäpfel mit Sahne, Vanilleeis, Zimt und Eierlikör und nordfriesische Tee- und Kaffeespezialitäten. Susanne Stelly lei-

tet heute das Museum ihres Vaters, das auch in modernen Computer-Zeiten noch immer Kinderaugen zum Leuchten bringt, findet man doch u. a. Walzähne, Vogelspinnen, Kugelfische und Haigebisse. Der Teeladen führt über 50 aromatische Sorten, die Susanne Stelly in Hamburg bezieht und zum Teil selbst kreativ mischt, wie Föhrer Sturmtief, Utersumer Strandpicknick und Oldsumer Mischung beweisen. Jede Sorte kann man übrigens an Schnuppergläsern erriechen. Viele Stammgäste kommen bereits seit 30 Jahren, reiste man damals mit den Eltern, bestaunen heute die eigenen Kinder die Exponate im 1. Stock oder genießen die beliebte Heidelbeersahnetorte auf der lauschigen Terrasse im Garten.

So manch ein Gast erwirbt leckere Teesorten, ein getöpfertes Stövchen oder bewahrt die kleine Muschel auf, die der Eintrittskarte beiliegt. So wird auch zu Hause wieder ein bisschen von der heimeligen und unvergleichlichen Atmosphäre Stelly's Hüüs lebendig. Dies mag auch mit dem vorgestellten Rezept gelingen, denn der Mohnkuchen gehört zu den beliebtesten Angeboten des Hauses.

MOHNKUCHEN

Zutaten:

150 g Zucker
150 g Margarine
6 Eier, getrennt
100 g Mehl
1 Päckchen Backpulver
1 EL Rum
200 g Mandeln, gehobelt
100 g Mohn

Zubereitung:

Margarine mit dem Zucker verrühren, 6 Eigelb, Mehl mit Backpulver, Rum und Mandeln nacheinander einrühren. Eiweiß steif schlagen und unterheben. In eine gefettete Kastenform geben und für eine Stunde bei 160 °C backen.

ART & WEISE

det er nicht nur bundesweit, sogar in New York und Hongkong ist seine Musik zu hören. Viele Urlauber kommen in den sonnendurchfluteten Laden, der auch Ayurveda-Produkte, Düfte, Spiele, Bücher und Bilder bereithält, um sich mit der Musik

ein „Stück Urlaub für Zuhause" zu gönnen. Vieles im Laden steht in Verbindung zu Insel, Meer und der Natur, die als Heiler von Körper und Seele verstanden wird. Hauke Nissen lebt und arbeitet gemeinsam mit seiner Frau in dem schönen Friesenhaus in seinem Geburtsort Oldsum. Nach Kunststudium und Tischlerlehre verwirklicht er mit einem kreativen Zentrum und seiner Musik, die von seinem Leben auf der Insel und vielen Jahren der Meditation inspiriert ist, seinen Lebenstraum.

ART & WEISE
INSEL-ENTSPANNUNGS-CDS & MEHR

HAUKE UND ANNETTE NISSEN
HAUS 56
25938 OLDSUM
TELEFON   0 46 83-10 10
TELEFAX   0 46 83-10 10
E-MAIL HAUKENISSEN@GMX.NET
WWW.HAUKENISSEN.DE

Sanfte Musik empfängt den Besucher im Laden Art & Weise und lässt ihn sogleich entspannen. Die Klangwelten des Musikers Hauke Nissen vermitteln ein eindrucksvolles akustisches Insel- und Meer-Erlebnis. Inselvögel und Meeresrauschen, dazu selbst kreierte Klänge von Sommerharfe, Panflöten-Streicher, Märchengitarre – das sind nur einige Ingredienzien der Entspannungsmusik des Künstlers, der im eigenen Tonstudio seine ruhig fließenden Weisen mit Klängen der Natur verbindet. Die CDs, wie z. B. der Sampler „Inseln der Stille", versen-

VON ROBBEN, HEULERN UND WALEN

„Da bläst er!" Diesen Ausspruch, den die Seeleute Käpt'n Ahab zuriefen, wenn Moby Dick auftauchte, wird man vor den Küsten Amrums und Sylts nicht hören. Und doch gibt es hier Wale – Schweinswale. Sie sehen zwar eher aus wie etwas zu groß geratene Delphine, faszinieren jedoch jeden, der die eleganten Schwimmer aus den Wellen auftauchen sieht. Und das ist ein Glück, waren sie doch zwei Jahrzehnte ganz von der Bildfläche verschwunden. Ende der 80er Jahre kehrten sie zurück und inzwischen scheint ihr Bestand gesichert. Im Sommer bringen die Mütter ihre Kälber hierher in die friesische Kinderstube. Fühlen sie sich wohl, dann ist auch mit dem Gewässer alles in Ordnung. Deshalb liegt Tier- und Naturschützern viel daran, dieses Gebiet zum Walschutzgebiet zu erklären.

Wenn Seehunde nicht gerade wieselflink im Meer auf Nahrungssuche gehen, liegen sie gerne in der warmen Sonne auf einer Sandbank und lassen sich (aus der Ferne, denn die Seehundbänke gehören zur Schutzzone 1) gelassen beim Müßiggang beobachten. Haben sie jedoch Junge, darf man sie auf keinen Fall stören oder ihnen zu nahe kommen! Im Frühling kommt im Wattenmeer der Nachwuchs zur Welt. Ist die Mutter mal nicht schnell genug von einem Tauchgang zurück, heult das Kleine – das tut ein Heuler nun mal, ist aber keine Einladung, ihn etwa mitleidig mitzunehmen. Weitaus seltener, um einiges größer und mit der typisch kegelförmigen Kopfform versehen sind die Kegelrobben, die ebenfalls im Wattenmeer zwischen Amrum und Sylt anzutreffen sind.

DIE SCHEUNE

Der Gastronomie-Autodidakt, Spross einer Buchhändlerfamilie, war schon immer fasziniert von der gehobenen Gastronomie im In- und Ausland. Der weit gereiste Föhrer lebte für einige Zeit in Australien, war häufig in Asien und rührt während der ruhigen Wintermonate in fremden Töpfen, wobei er sich von der Arbeit hoch dekorierter Kochkollegen inspirieren lässt. Brüske ist stets auf der Suche nach einer lustvollen Verbindung der Küchen dieser Welt und schöpft aus den Erfahrungen, die er bei seinen Reisen macht. Das Modewort „Cross-over-Küche" beschreibt seit jeher die Art und Weise, wie er seine Speisen kreiert. Der Reiz liegt in der Verbindung des Regionalen mit dem Internationalen, das zeigen zum Beispiel Gerichte wie Zanderfilet im Frühlingsrollenteig oder Fischspieße auf Risotto und Tomatengemüse. Der Gaumen des Genießers wird herausgefor-

RESTAURANT DIE SCHEUNE

ORTSMITTE
25938 SÜDERENDE
TELEFON   0 46 83 - 96 25 67

RUHETAG: MONTAG.
BETRIEBSRUHE: NOVEMBER – OSTERN
(WEIHNACHTEN – SILVESTER GEÖFFNET)

Jan Brüske, seit 1997 Besitzer des Restaurants Die Scheune im beschaulichen Dörfchen Süderende im Westen Föhrs, beweist dem anspruchsvollen Gast jeden Abend, dass eine innovative Küche, die nie am Bewährten festhält, sondern stets neue kreative Wege sucht, keinen professionellen und von Sternen gezierten Küchenchef erfordert.

dert, wenn zur Käseauswahl ein Feigensenf, zur hausgemachten Apfeltarte ein Zimtparfait kredenzt wird. Ein großer Brand, der die Scheune bis auf die Grundmauern zerstörte, unterbrach 1998 seine Erfolgsgeschichte. Doch Jan Brüske ließ sich davon nicht entmutigen, stieg wie Phönix aus der Asche und blickt heute wieder stolz auf ein wunderschönes friesisches Reetdachhaus, das mit seiner üppigen Bepflanzung im Vorgarten geradezu mediterran wirkt. Die Inneneinrichtung zeigt sich elegant in Rot und Weiß, an der Decke wurden Kristalllüster und Holzbalken edel-harmonisch aufeinander abgestimmt. Während Jans Brüske am Herd zaubert, kümmert sich Ehefrau Antje herzlich und souverän um die Gäste. Alles, was hier auf den Teller kommt, wird frisch und à la minute zubereitet. Gemüse, Kräuter und Salat stammen aus dem heimischen Garten, Eier von eigenen Hühnern. Kartoffeln und alles das, was noch fehlt, besorgt Brüske beim Bio-Bauern. Die hauseigenen Kräuter und Blüten verwendet Brüske auch gerne für die „Kunst auf dem Teller", die für ihn ebenso dazugehört wie Frische und hohe Qualität aller verwendeten

Zutaten. „Billig, viel und einfach war nie mein Ding", meint der engagierte Gastronom selbstbewusst, „ich will eine gehobene Gastronomie bieten, mit ungewöhnlichen und abwechslungsreichen Gerichten und Menüs."

LAMMHAXE MIT HONIG-SENF-GLASUR

Zutaten:

4 Lammhaxen, 1 Gemüsezwiebel, 3 Möhren, 1 St. Sellerie, 2 EL Tomatenmark, Salz, Pfeffer, 4 Lorbeerblätter, 1 Thymianzweig, 3 Knoblauchzehen
¼ l Brühe
¼ l Rotwein
Sahne, Butter

Marinade:

Olivenöl, 4 Lorbeerblätter, 1 Thymianzweig, 1 TL Knoblauch, gehackt Salz, Pfeffer

Glasur:

100 g Honig in 50 ml Wasser aufgekocht, 4 EL Sojasauce, je 2 EL Weißwein- und Balsamicoessig, ¼ TL Knoblauch, gehackt, 1 Schuss Sweet Chilisauce, Salz, Peffer Zutaten sirupartig einkochen

Zubereitung:

Lammhaxen ca. 12 Stunden marinieren. Von allen Seiten in Öl anbraten. Gewürfeltes Gemüse und Tomatenmark hinzugeben, anbraten, mit Rotwein ablöschen. Salz, Pfeffer, Lorbeerblätter, Thymian, Knoblauch zugeben. Bei kleiner Flamme schmoren, ab und zu wenden, schließlich mit Brühe und Rotwein aufgießen. Nach 2 Std. Haxen herausnehmen und mit Glasur einpinseln. Kurz in den Backofen geben.

Sauce durch ein Sieb streichen, mit etwas Sahne und kalter Butter aufmontieren. Mit Salz, Pfeffer, Knoblauch abschmecken.

Dazu wird mit Trüffelöl verfeinertes Kartoffelpüree serviert.

ALTES LANDHAUS

sein Nachfahre Alfred Legband sein Heim, um nach Amerika auszuwandern, was übrigens so viele seiner Nachbarn taten, dass es heute mehr Föhrer in Amerika gibt als auf der Insel selbst. Im Laufe der Jahrhunderte wurde das Haus von zahlreichen Seefahrern bewohnt, es erlebte Hochzeiten, Taufen und Abschiede. 1995 übernahm Elke Schultz von ihrer Mutter Clärchen, die hier bereits 1954 ein Restaurant eingerichtet hatte, das Landhaus. Als Hotelfachfrau in allen Bereichen der Gastronomie zu Hause, löste sie sich von der Hausmannskost der mütterlichen Küche und entwickelte einen eigenen Stil, den sie auch heute noch Tag für Tag persönlich am Herd umsetzt. Eine frische, regionale und hochwertige Produktpalette, à la minute auf den Tisch gebrachte Grill-Spezialitäten von Fisch und Lamm beherrschen die Speisekarte. Das Gemüse stammt wenn möglich von der Insel, und beim Schreiben der Tageskarte kann die resolute Föhrerin auch mal den frischen Fang der Inselfischer berücksichtigen oder dem durch die Saison bedingten Warenangebot im Jahresablauf Rechung tragen. Gut ist auch die Idee, das Tagesangebot am jeweiligen Bundesland auszurichten, das gerade Feriengäste nach Föhr gebracht hat, denn Geschmäcker sind ja bekanntlich von Land-

RESTAURANT ALTES LANDHAUS

Bi de Süd 22
25938 Nieblum
Telefon   0 46 81- 25 72
Telefax   0 46 81- 50 14 86

Betriebsruhe:
November – Mitte Dezember

Wann genau das Alte Landhaus erbaut wurde, ist nicht bekannt, doch erste Dokumente belegen, dass es bereits 1743 bewohnt war. Im idyllischen und besonders sehenswerten Nieblum mit seinem majestätischen Friesendom, abseits der Hauptstraße in einem verwunschenen Gässchen, findet man das pittoreske reetgedeckte Alte Landhaus. Seine Chronik liest sich wie ein Abenteuerroman. Ipke Payen, einer der ersten Besitzer des Hauses im 18. Jahrhundert, starb in Grönland, zwei Jahrhunderte später verließ

in dem zu den ältesten Restaurants der Insel zählenden Haus stellt auch die breite Auswahl an vegetarischen Gerichten dar, die kulinarische Köstlichkeiten wie Wildreispfanne, Ratatouille mit Gnocchi oder geschmorte Champignonköpfe bereithält. Seit einigen Jahren gibt es Mittagsgerichte zum kleinen Preis, daneben eine anspruchsvolle Kinderkarte, die den kleinen Gästen auch Lamm- oder Rindersteaks offeriert. Elke Schultz vermag es, Trends in der Gastronomie nicht nur frühzeitig zu erkennen und umzusetzen, sondern auch selbst innovative Ideen zu entwickeln.

strich zu Landstrich verschieden. Es ist kein Geheimnis, dass zum Beispiel die Süddeutschen eher Fischfilets bevorzugen, statt sich mit dem komplizierten Zerlegen des Grätenstrangs zu befassen. Eine Ausnahme

SCHWEINEMEDAILLONS „LANDHAUS" MIT BAUERNSALAT UND BAGUETTE

Zutaten:

800 g Schweinefilet
2 mittelgroße Porreestangen
200 g Schafskäse
Butterfett
Petersilie, fein gehackt
wilder Majoran
Salz
schwarzer Pfeffer aus der Mühle
4 kleine Baguettes

Salat:

3 Paprikaschoten (dreifarbig)
$1/2$ Salatgurke
4 Tomaten
2 rote Zwiebeln
Olivenöl
Balsamicoessig
Salz, Peffer

Zubereitung:

Zutaten für den Salat putzen, waschen und in Streifen schneiden, mit Salz und Pfeffer würzen und mit Balsamicoessig und Öl vermischen.
Geputzten und gewaschenen Porree in Ringe schneiden, Schafskäse würfeln. Baguettes im Ofen kurz aufbacken. Schweinefilet evt. von Fett und Sehnen befreien, in Medaillons zu je ca. 50 g schneiden und leicht plattieren. Mit Salz, Pfeffer und wildem Majoran würzen und braten.
Porree in einer Pfanne mit Butterfett anschwitzen und ganz zum Schluss den Schafskäse darin mitschwenken. Medaillons auf einer vorgewärmten Platte anrichten, Porree und Schafskäse darübergeben und mit Petersilie bestreuen. Dazu werden der Bauernsalat und die warmen Baguettes serviert.

DIE WEBSTUBE

Reetdachhaus mit den grünen Friesentüren, welches die Webstube beherbergt. Michael Nissen, Inhaber und Küchenchef in Personalunion, entdeckte vor vielen Jahren seine Leidenschaft für die Insel, pachtete 1981 die Webstube, deren Name sich von einer früher hier angesiedelten Handweberei ableitet, bis er 1993 den Betrieb als Eigentümer übernahm. Gemeinsam mit Ehefrau Uta bietet er den Gästen eine anspruchsvolle und bewusst nicht regionale Küche, in der

vom Salatdressing bis zu Fonds alles selbst gemacht wird, was der gelernte Koch auch für Soßen und Suppen als selbstverständlich erachtet. Der Betrieb wurde bewusst klein gehalten – man hat die Wahl zwischen dem gemütlichen Restaurant und der idyllisch gelegenen Terrasse -, um Qualität und Frische der Speisen jederzeit garantieren zu können. Dem Koch ist es wichtig, dass alles, was Küche und Keller verlässt, erstklassig ist und den Gast immer wieder neu zufrieden stellt. Täglich liefert ein Fischhändler Edles aus dem Meer, Kartoffeln und Kräuter kommen von Föhrer Bauern.
International präsentiert sich das Angebot auf der Speisekarte. Grönlandpfännchen mit Schrimps, Matjes jüdländischer Art oder gebratener Heilbutt nach Hanseaten Art lassen den Gast bereits beim Lesen der Speisekarte Fernweh spüren. Das beliebte Lamm wird in eher ungewöhnlichen

RESTAURANT DIE WEBSTUBE

RUNDFÖHRSTRASSE 1
25938 NIEBLUM-GOTING
TELEFON   0 46 81 – 6 88
TELEFAX   0 46 81 – 57 05 39

GEÖFFNET: VON MÄRZ - NOVEMBER
SOWIE WEIHNACHTEN - SILVESTER

Folgt man der Straße von Nieblum aus in Richtung Borgsum, kommt man nach Goting, wo man unbedingt das gleichnamige Kliff besuchen sollte, das einen schönen Blick auf die Schwesterninsel Amrum bietet, an dessen Abbruchkante man aber auch eindrucksvoll den harten Existenzkampf der Insel mit dem Meer beobachten kann. Hier in Goting steht auch das schöne weiße

Variationen, so z. B. kombiniert mit Speck-sauerkraut und Rösti, serviert.

Viele Stammgäste bevorzugen die großzü-gig angelegte Bar für einen Klönschnack. Wenn die kalte Jahreszeit Einzug hält, sorgt ein knisterndes Kaminfeuer für die passende Atmosphäre, um das Weinangebot, das Weine von Deutschland über Italien, Frank-reich, Portugal bis hin zu Südafrika bereit-hält, zu genießen.

Einen besonderen Blick sollte man der Wanddekoration gönnen. Farbintensive Ölgemälde, die von innen heraus leuchten ob ihrer intensiven Rot-, Gelb- und Orange-töne, erzählen Geschichten aus dem Insel-leben. Michael Nissen selbst ist der Maler dieser aussagestarken Bilder. Im Winter, wenn Ruhe einkehrt und die Insel den Föhrern gehört, malt er oft bis zu zehn Gemälde am Stück. Und hört erst wieder auf, wenn die neue Saison beginnt und wieder Gäste in die Webstube kommen.

FISCHSUPPE NACH ART DES HAUSES

Zutaten:

$3/4$ l Fischfond
50 g Porree
50 g Zwiebeln
1 Knoblauchzehe (groß)
100 g Rotbarsch
100 g Lachs
$1/2$ l trockener Weißwein
$3/4$ l geschälte, pürierte Tomaten
100 g Nordseekrabben oder Shrimps
Salz
grober schwarzer Pfeffer
Petersilie und Dill, fein gehackt

Zubereitung:

Den Fischfond erhitzen und mit Salz würzen. Porree und Zwiebeln in Streifen schneiden, Knoblauch fein hacken, Rotbarsch und Lachs würfeln. Alles in den Fond geben und erhitzen. Dann den Weißwein und anschließend die Tomaten hinzugeben. Mit Pfeffer abschmecken. Auf kleiner Flamme etwa 10 Minuten kochen. Zum Schluss die Krabben sowie Dill und Petersilie hineingeben. Vor dem Servieren noch etwas ziehen lassen.

Zum Schlachter

Restaurant zum Schlachter

Kretelheinallee 1
25938 Nieblum
Telefon 0 46 81-58 02 08
Telefax 0 46 81-58 02 06
E-mail Reiner-Hansen@t-online.de
www.nieblum-foehr.de
Geöffnet:
Täglich 6.30–10.30 Uhr,
12–15 und 18–24 Uhr

Dort wo der Schlachter des schönen Friesendorfes Nieblum einst für viele Tiere das letzte Stündlein schlugen ließ, befindet sich heute das gemütliche und beliebte Restaurant von Reiner und Ellen Hansen. Seit 1986 betreiben die Föhrerin und ihr Ehemann, beide gelernte Köche, das familienfreundliche Haus, das im Sommer so viele Stammgäste begrüßen kann, dass die 60 Plätze im Restaurant und die 30 Gartenplätze oft auf zwei Wochen im Voraus ausgebucht sind. Es gibt sogar Gäste, die schon von zu Hause aus ihren Lieblingstisch reservieren. Und wenn sie dann am idyllischen Urlaubsort Nieblum angekommen sind, kommen sie jeden Tag zu den Hansens, die aus diesem Grund zusätzlich eine Tageskarte anbieten, um das umfangreiche Speisenangebot noch abwechslungsreicher zu gestalten. Steaks in allen Variationen

und frischer Fisch aus den Meeren der Welt gehören zu den Spezialitäten des Hauses. Beliebt sind besonders die regionalen Leckereien wie Nordseekrabben, Scholle und Lamm. Von Mai bis September gibt es jeden Dienstag ein umfangreiches Salatbüfett. Die Kleinen können auf dem Spielplatz im Garten toben und sich mit den eigens für sie gestalteten Kinderspeisekarten zum Ausmalen die Zeit vertreiben. Wie schön, dass Reiner Hansen hier auf die Wünsche seiner jungen Gäste, die erfahrungsgemäß auch noch in vielen Jahren zu den Stammgästen zählen werden, Rücksicht nimmt und dem Umstand Rechnung trägt, dass Föhr eine Familien-Urlaubsinsel ist.
Die Föhrer selbst kommen ebenfalls gerne zu den Hansens. Viele Jubiläen, Geburtstage sowie Hochzeiten und Konfirmationen werden hier gefeiert. Die gemütliche Atmo-

sphäre des 200 Jahre alten Friesenhauses mit seiner rustikalen Einrichtung, dem warmen Holz und der in fröhlichem Grün gehaltenen Innenausstattung lädt den Gast ein, nach dem Essen noch bei Espresso oder Cappuccino zu verweilen oder im Sommer auf der Terrasse, der wie ein Biergarten angelegt ist, den Ferientag ausklingen zu lassen. Wer dem guten Essen allzu sehr zugetan war, dem serviert man im Restaurant Zum Schlachter regionale Verdauungshilfen: Küstennebel, Aquavit oder Kartoffelschnaps.

Eine Besonderheit offeriert die Weinkarte, Familie Hansen bietet – neben anderen Weinen aus Deutschland und Europa, die man im Hause Hansen selbst mag und gerne trinkt – einen deutschen Bio-Rotwein.

Das vorgestellte Rezept ist ein beliebtes Dessert im Restaurant Zum Schlachter und findet sicher auch nach einem herzhaften

Fleisch- oder Fischgericht noch ein Plätzchen im Magen.

PFÖRTCHEN MIT ZITRONENSAUCE

Zutaten:

500 g Mehl
$1/2$ l Milch
5 Eier
25 g Hefe
3 EL Rosinen
abgeriebene Schale von $1/2$ Zitrone
Salz

Zitronensauce:

1 l Wasser
Saft von 2-3 Zitronen
abgeriebene Schale von 1 Zitrone
Zucker
Vanillepuddingpulver

Eiweißnocken:

3 Eiweiß mit etw. Zucker steif schlagen.

Zubereitung:

Mehl mit Milch, Eiern, Hefe und Rosinen vermischen. Zitronenschale und Salz zugeben und 1-2 Stunden gehen lassen. Dann in einer „Pförtchenpfanne" ausbacken. Die fertigen Pförtchen mit Puderzucker bestreuen.

Zitronensaft und Wasser mischen, Zitronenschale und Zucker hinzugeben und mit dem Vanillepuddingpulver andicken. Die Zitronensauce in einen tiefen Teller geben, zwei Pförtchen hineinlegen und mit Eiweißnocken garnieren.

Die spezielle Pförtchenpfanne kann man auf Föhr kaufen. Wer keine besitzt, kann die Pförtchen auch in der Friteuse ausbacken.

FRIESENSTUBE

der 1819 das Stadtrecht erhielt. Damals hatten die ersten Touristen den Erholungswert der Insel erkannt und damit den Grundstock für die Expansion des kleinen Seebades gebildet. Eine ausgedehnte Uferpromenade, ein langer Sandstrand, Cafés, Restaurants und Geschäfte laden zum Bummeln und Verweilen ein. Mitten in der Fußgängerzone, zwischen verwinkelten Gässchen mit hübschen Kapitänshäusern, findet man die Friesenstube und gleich daneben das Fischgeschäft „Fischerhus", das Gäste wie Einheimische mit edlen Genüssen aus den Weltmeeren versorgt. Harro und Ingrid Sievertsen sind seit 1981 die Besitzer der Friesenstube und der etwas kleineren Norwegerstube direkt darüber, vor vier Jahren ist das Fischgeschäft hinzugekommen. Die nächste Generation arbeitet bereits mit im Familienunternehmen, die beiden Schwiegersöhne kochen in den Restaurants, von den eines immer geöffnet hat, um die Urlauber stets mit kulinarischen Leckereien zu versorgen. Es wird, das ist oberste Maxime, nur Frisch-Fisch verarbeitet. Die Arbeitsabläufe von Restaurant und Geschäft ergänzen sich dabei aufs Beste, denn die frische Ware wird entweder gleich im Laden verkauft oder nebenan in ein delikates Fischgericht verwandelt. Ein Händler aus Dänemark liefert täglich die Spezialitäten aus Nord- und Ostsee sowie Ware aus exo-

RESTAURANT FRIESENSTUBE

FAMILIE SIEVERTSEN
SÜDERSTRASSE 8
25938 WYK
TELEFON   0 46 81 – 24 04
TELEFAX   0 46 81 – 9 15

Der Hafen von Wyk auf Föhr ist der größte der nordfriesischen Inselwelt. Die ein- und auslaufenden Fähren, Ausflugsschiffe, die Urlauber zu anderen Inseln oder den Halligen bringen, und Fischkutter, die den Tagesfang anlanden, prägen das Bild des größten Ortes der Insel,

Variationen, beliebt sind auch die Schollen-
gerichte, z. B. die mit Krabben gefüllte
Kutterscholle, Aal und Muscheln. Der anspruchsvolle Gaumen kann zwischen frischem Hummer und Austern wählen.
Deftig norddeutsch ist dagegen der selbst
gemachte Labskaus.

Die umfangreiche Speisekarte wird durch
täglich wechselnde Tagesangebote noch
erweitert. Die Beilagen richten sich nach
dem saisonalen Angebot, so werden je nach
Jahreszeit Grünkohl, Steckrüben oder Spargel gereicht. Gern kaufen die Sievertsens
das Gemüse der Region gleich auf Föhr, um
lange Transportwege zu vermeiden.

Viele Stammgäste zählen zum Publikum der
Friesenstube. Für die Kleinen gibt es eine
Kinderkarte, die sie auch ausmalen können.
Und häufig kommen diese jungen Gäste
auch dann noch gern in die Friesenstube,
wenn sie erwachsen sind und mit den eigenen Kindern Urlaub auf Föhr machen.

tischeren Gefilden. Matjes bekommt der
Liebhaber des Herings in allen erdenklichen

LACHS UND STEINBEISSERFILET IM BLÄTTERTEIGMANTEL AUF DILL-SCHAUMSAUCE AN NORD-FRIESISCHER TOMATENGRÜTZE

Zutaten für 8 Personen:

1 Seite Lachs, küchenfertig,
1–2 Steinbeißerfilets (je nach Größe),
1 kg Blätterteig, 500 g Wurzelgemüse,
blanchiert, 1 kl. Bund Dill, 1 Ei

Sauce:

100 g Zwiebeln, gewürfelt,
40 g Butter, $\frac{1}{4}$ l Sahne , $\frac{1}{2}$ l Milch,
1 Bund Dill, Salz, Pfeffer, Weißwein,
20 g Butter

Grütze:

400 g reife Tomaten, Schalotten,
Basilikum, Salz, Pfeffer, 2 cl Küstennebel, 10 Blatt Gelatine

Zubereitung:

Blätterteig ausrollen, Wurzelgemüse,
in feine Streifen schneiden, dann
Lachs, Steinbeißer und wieder Gemüse
aufschichten, Dill darüberstreuen.
Blätterteig einschlagen, mit Ei ein-
streichen. Bei 200 °C ca. 40 Min.
im Ofen backen.

Schalotten in Butter anschwitzen,
mit Milch und Sahne ablöschen und
einkochen lassen. Mit Salz, Pfeffer
und etwas Weißwein abschmecken.
Kalte Butter mit dem Mixstab unterschlagen, Dill hinzugeben.

Tomaten häuten und entkernen.
Fruchtfleisch mit Schalotten und
Basilikum pürieren. Mit Salz, Pfeffer
und Küstennebel abschmecken. Mit
eingeweichter, ausgedrückter Gelatine
abbinden und erkalten lassen.

Um Sylt ranken sich zahlreiche Legenden, halten sich hartnäckige Vorurteile wie „zu versnobt", „zu teuer" und „zu überlaufen". Sylt-Liebhaber aber gibt es viele, die gerade die Mischung aus Luxus und Naturidylle schätzen, das mondäne Treiben genießen oder einfach nur die gesunde Seeluft atmen möchten. Sylt – das bedeutet malerische Friesendörfer, mystisches Wattenmeer, meterhohe Dünenberge, endloser feiner Sandstrand, lebhafter Trubel. Diese Vielfalt, die jedem Urlauber sein ganz individuelles Stückchen Sylt bietet, ist die Stärke der Insel, die zudem so unproblematisch zu erreichen ist. Der 1927 eingeweihte Hindenburgdamm macht die Anreise unabhängig von Ebbe, Flut und Schlechtwetterzonen.

Gleich fünf Michelin-Sterne, zahlreiche herausragende Kochkünstler und eine reichhaltige Gastronomieszene, die vom exklusiven Gourmet-Restaurant bis zur bodenständig-friesischen Küche reicht, machen die abwechslungsreiche kulinarische Landschaft der 99 km² großen Insel aus. Westerland, größte Gemeinde der Insel, avancierte 1855 zum ersten Sylter Seebad. Das Fischerdorf wuchs schnell aus der Armut heraus, man errichtete elegante Hotels, Villen, Pensionen und eine lange Promenade zum Flanieren. Sylts Hauptstadt bietet eine sehr breit gefächerte Gastronomie vom lukullischen Hochgenuss im Sterne-Restaurant bis zum einfachen Fischimbiss, wo man, wie auf Sylt üblich, jedoch auch schon Austern zum Champagner schlürfen kann. Die lebhafte City wartet mit Geschäften, Kasino, dem Erlebnisbad „Sylter Welle" sowie einem regen Nachtleben auf.

Das familienfreundliche Wenning-stedt liegt direkt am reizvollen Roten Kliff, das sich von hier bis nach Kampen zieht. Vom Strand aus schießt das schroffe, geologisch hoch interessante Kliff beeindruckend in die Höhe. Wenn es Abend wird und die scheidende Sonne die Landschaft gleichsam einfärbt, weiß man, wie das nun rot glühende Kliff zu seinem Namen gekommen ist.

Luxuskarossen, Designer-Boutiquen, Edel-Juweliere und „Whisky-Meile"

im „St. Tropez Deutschlands" – das sind Prädikate für das schöne Dörfchen Kampen, das per Erlass nur Reetdächer zulässt und darum mit einer Fülle der schönsten Friesenhäuser aufwarten kann. All das findet man in Kampen zwar, doch es gibt auch eine andere Seite: Der weite Strand gibt Raum zum Alleinsein, auf der Wattseite herrscht Ruhe und Gelassenheit und die Zeit der Skandale ist längst vorbei.

Hoch im Norden, nahe dem maritimen Hafenörtchen List, erschließt sich das größte zusammenhängende Dünengebiet Deutschlands. Sehenswert sind hier des Weiteren

der natürlich entstandene Königshafen mit der Vogelschutzinsel Uthörn, der lange Ellenbogen, wo Nordsee und Wattenmeer verschmelzen, und die riesige Wanderdüne (30 m hoch, fast 1 km lang), die pro Jahr etwa vier Meter wandert.

Keitum ist ein Friesendorf wie aus dem Bilderbuch. Heckenrosen, Steinwälle vor pittoresken Friesenhäusern, verwinkelte Gassen und hohe Schatten spendende Bäume strahlen eine Atmosphäre aus, die wohl jeden Besucher gefangen nimmt. Neben lauschigen Cafés und eleganten Restaurants gibt es hier vor allem Kunst-

handwerker zu bestaunen. Die Kirche St. Severin liegt auf dem höchsten Punkt des Geestkerns der Insel und diente den See-fahrern lange Zeit als Markierung. Mitt-wochs werden hier das ganze Jahr über interessante Konzerte veranstaltet. Sylter Heimatmuseum und Altfriesisches Haus klären über Wohnkultur und Alltag der Sylter von einst auf.

Die Morsumer Heide und das Morsum-Kliff sind unbedingt einen Abstecher wert. Das unter Naturschutz stehende Kliff gibt Ein-blick in die letzten 10 Mio. Jahre (!) erdge-schichtlicher Entwicklung. Besonders am

Abend taucht die untergehende Sonne das Kliff in unglaubliche Farben.

Bricht Sylt eines Tages auseinander, dann wird dies an der engsten Stelle geschehen, in Rantum. Hier ist Sylt am zerbrechlichs-ten, fungiert die Insel doch aufgrund ihrer exponierten Lage als Wellenbrecher für die Küste. Nur 600 Meter trennen hier das idyl-lisch sanfte Watt von Brandung und endlo-sem Horizont auf der Meerseite. Doch noch ducken sich hübsche Reethäuser in die hohe Dünenlandschaft. Das Rantum-Becken, ein Salzwasserbiotop, ist eines der größten und artenreichsten Vogelschutzgebiete Europas.

Sylt ist eben Sylt. Man liebt es oder man lässt es. Die unbestritten abwechslungsreichste Nordseeinsel muss um Zuneigung nicht buhlen. Thomas Mann liebte die Insel, Ger-hard Hauptmann und Emil Nolde ebenso. Suhrkamp, Springer, Beitz & Co: Die Großen und Mächtigen fanden hier Entspannung, sie nannten Sylt zärtlich „Königin der Nordsee".

LANDHAUS NÖSSE

und ungezwungen bewegen kann. Die Gäste schätzen die entspannte Ruhe, die durch die nur zehn Zimmer das ganze Jahr über gewährleistet ist. Die Kleinode friesisch-eleganten Landhausstils bieten – bis auf das Gartenzimmer, das dafür über eine eigene Terrasse verfügt – einen traumhaften Blick auf die wild-herbe Schönheit von Watt und Dünenlandschaft rund um das Landhaus. Gleich drei gastronomische Konzepte, das edle Gourmetrestaurant, das legere Bistro und die maritim-friesische Kapitains' Stuuv, stehen dem Gast offen. An schönen Tagen ist die große Terrasse Hauptanziehungspunkt für Hausgäste wie Besucher. Umgeben von grasenden Pferden und schreienden Möwen kann man den Urlaubstag mit hausgemachten Kuchen und Waffeln versüßen. Küchenchef Olaf Böttjer, seit 2000 im Landhaus tätig, verwöhnt die Gäste mit einer anspruchsvollen und kreativen Küche. Das Gourmetrestaurant bietet viel Raum – hier wird übrigens auch das üppige Landhaus-Frühstück eingenommen –, indirekte Lichtquellen, warme Rottöne, ein vierarmiger Kerzenleuchter und die stilvolle Tischdekoration verleihen dem Raum ein luxuriöses Ambiente. Während die regionale Saison-

LANDHAUS NÖSSE
HOTEL-RESTAURANT AM WATTENMEER

FAMILIE ZUR BRÜGGE
AM MORSUM-KLIFF
25980 MORSUM
TELEFON   0 46 51 – 97 22-0
TELEFAX   0 46 51 – 89 16 58
E-MAIL NOESSE.SYLT@T-ONLINE.DE
WWW.LANDHAUS-NOESSE-SYLT.DE

Das Landhaus Nösse liegt direkt auf der „Nasenspitze der Insel", die seit jeher Ausflugsziel der Insulaner und Badegäste ist. Ein schmuckes Friesenhaus wurde an die Stelle des historischen Cafés von einst gesetzt und trutzt nun, als einziges Haus in dem faszinierenden Naturschutzgebiet rund um das Morsum-Kliff, Wind und Wetter. Ralf und Annelore Zur Brügge übernahmen 1988 das Haus und machten es zu einer der ersten Adressen der Insel. Ihr Hauptanliegen ist es, den Luxus eines 4-Sterne-Hotels zu bieten, in dem man sich jedoch natürlich

SYLTER ZIEGENQUARKSOUFFLÉ MIT VERSCHIEDENEM VON HIMBEEREN

Für 8 Personen

Zutaten:

200 g Ziegenquark, 3 Eier, getrennt, 60 g Zucker, 20 g Sahne, Mark einer Vanilleschote, je 50 g Butter, Zucker

Himbeergranité:

200 g Himbeermark, 375 ml Champagner, 4 EL Zitronensaft, 100 g Läuterzucker

Himbeermousse:

2 Eiweiß, 60 g Puderzucker, 3 Bl. Gelatine, 250 g Himbeerpüree, 200 g geschlagene Sahne

Zubereitung:

Förmchen mit Butter/Zucker ausstreichen. Eigelb mit 30 g Zucker schaumig schlagen, Quark, Sahne, Vanillemark unterheben, bis die Masse glatt ist. Eiweiß mit 30 g Zucker steif schlagen, unter die Quark-Creme heben. Masse in die Förmchen füllen, auf ein Blech mit Wasser stellen, 16-20 Min. bei 180°C in den vorgeheizten Ofen geben.

Zutaten fürs Granité mischen, durchseihen, auf ein Blech gießen. In die Tiefkühltruhe stellen. In Intervallen durchrühren, bis eine gefrorene Masse aus Eisspänen entsteht.

Eiweiß mit Puderzucker auf heißem Wasserbad aufschlagen. Gelatine, Himbeerpüree dazugeben. Masse auf Eiswasserbad kalt schlagen, Sahne unterziehen. Mousse für 6 Std. kalt stellen.

Himbeerpüree: 1000 g Himbeeren, 250 g Puderzucker, 200 g Wasser mischen, pürieren, durchsieben.

küche im Bistro ihre kulinarische Heimat findet, erwarten den Gast hier leichte, internationale Arrangements mit mediterranen Akzenten. Kalbscarpaccio mit Briesravioli, Quarksoufflé auf Zwergorangenkompott oder Zur Brügge's Hummergedeck, das zunächst grilliert mit zweierlei Saucen, gefolgt von hausgemachten Nudeln in vanilliertem Bouillabaisseschaum serviert wird, gehören zum Besten, was die Gastronomie der Insel zu bieten hat. Die Weinnische vor dem Restaurant verweist auf das umfangreiche Weinsortiment des Hauses. Bei über 220 Sorten gibt es kaum ein Land, das nicht vertreten ist. Für all jene, die noch fahren müssen, werden auch halbe Flaschen angeboten. Auch Spitzenlagen sind offen zu bekommen. Grund genug für den „Wine Spectators", wiederholt seinen Award an das Landhaus zu vergeben.

Sylter Straussen-Hof

Steht man in Morsum plötzlich ausgewachsenen Straußen gegenüber, hat man nicht etwa zu viel Eiergrog getrunken, sondern vielmehr den Sylter Straußen-Hof von Marc Dohle und Steffi Paulsen entdeckt. Seit Oktober 2001 kommen zwölf prächtige Strauße sowie vier Jungtiere neugierig den Besuchern entgegen und blicken diese aus ihren wunderschönen großen und lang bewimperten Augen an. An kalten Tagen dürfen die Tiere in die Halle, ansonsten tummelt sich das seltene Federvieh, in ganz Schleswig-Holstein gibt es nur noch einen weiteren Züchter, auf der Weide. Nach BSE und Schweinepest erlebte Straußenfleisch einen wahren Boom, ist es doch äußerst schmackhaft und zudem cholesterin- und fettarm. Mark Dohle und Steffi Paulsen, die in Seminaren alles Wissenswerte über Strauße lernten, verkaufen das Fleisch an Privatkunden und die Gastronomie der Insel. Getreide, Gras, Obst und Gemüse hält der eigene Hof für die Tiere bereit. Ein befreundeter Metzger schlachtet die Strauße, die bis zu 70 Jahre alt werden können, fachgerecht. Der Hofladen bietet aber nicht nur Fleisch- und Wurstspezialitäten, sondern auch Eier, Federn und die sehr dekorativen Eierschalen der Strauße an. Führungen erläutern den Weg vom Ei über Brut-, Schlupf- und Aufzuchtraum bis zum erwachsenen Tier.

Sylter Straussen-Hof

Dikwai
25980 Morsum
Telefon   0 46 51– 89 12 63
Telefax   0 46 51– 89 10 05

DAS FRIESISCHE KÄSELÄDCHEN

DAS FRIESISCHE KÄSELÄDCHEN

SIIDIK 6
25980 KEITUM
TELEFON   0 46 51 – 96 74 41
TELEFAX   0 46 51 – 96 74 42

ÖFFNUNGSZEITEN:
MAI-OKTOBER: MO-FR VON 10-13 UND
14-17 UHR, SA VON 10-14 UHR
FEBRUAR-APRIL UND NOVEMBER:
10-14 UHR

Auf Hof Klöwenhoog, etwas außerhalb von Keitum, aber gut ausgeschildert, bietet Dörte Dethlefs ein delikates Sortiment an nordfriesischen Käse- und Wurstspezialitäten von Ziege, Schaf und Kuh. Verschiedene Käsesorten, mild, herzhaft, jung oder gereift, finden sich in der Auslage des Hofladens. Besonders lecker ist der Ziegenfrischkäse in diversen Variationen. Außerdem gibt es eingelegte Oliven und Tomaten, Bioland-Brot, Eier von glücklichen Sylter Hühnern, hausgemachte Konfitüren und Liköre. Vor Jahren stellte Dörte Dethlefs ihre Töpferwaren in dem kleinen Hofladen aus, stieg dann als Verkäuferin ein und übernahm schließlich Anfang 2002 den Laden als Pächterin. Noch immer kann man ihre Keramiken erwerben, daneben auch Kosmetik und Geschenkartikel. Französische Weine, Brände aus dem Schwarzwald, Olivenöl und Kräuteressig aus Griechenland erweitern das regionale Angebot. Der Kunde findet hochwertige Produkte von Betrieben der Region, die nicht nur mit dem Schlagwort „Bio" werben, sondern die ökologische Betriebsführung seit Jahren konsequent umsetzen. Wenn man Camembert und Ziegenkäse, Leberwurst, Sülze, Salami oder Schinken von Ziege und Lamm probiert, merkt man den feinen Unterschied! Ein Besuch des friesischen Käselädchens ist ein Muss für alle Gourmets.

NIELSEN'S KAFFEEGARTEN

Räumlichkeiten erweiterte und das Haus modernisierte. Seit 1997 leitet nun Jens Nielsen mit seiner Frau Elizabeth den Betrieb in vierter Generation. Er folgt der Familientradition und bietet als ausgezeichneter Konditor-Meister nicht nur leckere Kuchen und Torten nach Großvaters Rezepten an, sondern auch 20 verschiedene Sorten Brötchen und Brot, die bei Syltern wie Touristen allmorgendlich heiß begehrt sind.

Köstlich duftet es schon beim Betreten des Cafés. Es bietet mit seinen großzügigen Räumlichkeiten nicht nur viel Platz für Wattwanderer und Strandurlauber, auch Feste im größeren Rahmen werden gern bei den Nielsens gefeiert.

Der Kaffeegarten bietet eine große Auswahl herzhafter Speisen, eine Innovation des heutigen Chefs. Neben Frühstück am Morgen und Kaffee am Nachmittag gibt es eine Reihe regionaler, deftiger Spezialitäten wie Grünkohl, gratinierten Kartoffelauflauf oder hausgemachtes Sauerfleisch. Dreimal im Jahr wird die Stammkarte neu zusammengestellt, ergänzend künden Tafeln die Tagesgerichte an, die dem Angebot der Saison Rechnung tragen. Und das Konzept hat sich bewährt: Holsteiner Wurstspezialitäten auf selbst gebackenem Vollkornbrot, Eintöpfe sowie frische Salate und Fischgerichte wer-

NIELSEN'S KAFFEEGARTEN

Am Kliff 5
25980 Keitum
Telefon   0 46 51 – 3 16 85
Telefax   0 46 51 – 3 16 18
E-Mail
nielsenskaffeegarten@t-online.de
www.Nielsens-Kaffeegarten-Sylt.de

Ruhetag: Dienstag

Seit über 80 Jahren kann man bei Familie Nielsen in Keitum frische Brötchen kaufen und zu selbst gebackenem Kuchen in eines der kuriosesten Gebäude der Insel einkehren. Ein Sylter Kapitän ließ seiner texanischen Ehefrau das Haus im architektonischen Stil ihrer Heimat bauen – direkt am wild-romantischen Keitumer Kliff. Nirgendwo auf der Insel findet man ein so majestätisch hoch aufragendes Gebäude. Der Urgroßvater des heutigen Inhabers Jens Nielsen erwarb das Haus 1919 und eröffnete seine Bäckerei und ein Café an dem malerischen Flecken. Seine Tochter Lenchen Nielsen musste den Betrieb durch die schweren Zeiten des 2. Weltkrieges lavieren, bevor sie ihn an ihren Sohn Max weitergab, der die

GEPÖKELTE LAMMHAXE MIT GRAUPENGEMÜSE

Zutaten:

4 Lammhaxen
2 EL Pökelsalz
1 Gemüsezwiebel, mit Schale
grob gehackt
250 g Suppengrün, geputzt,
grob gehackt
1 Lorbeerblatt

Graupengemüse:

100 g Schalotten, fein gewürfelt
70 g Möhren
100 g Staudensellerie
50 g Porree
200 g Graupen
Salz, weißer Pfeffer
3 EL Olivenöl
700 ml Gemüsefond
1 Rosmarinzweig
2 EL Weißweinessig
50 g Meerrettich, frisch gerieben

Zubereitung:

Lammhaxen in Pökelsalzwasser kurz
aufkochen, Zwiebel, Suppengrün, Lorbeerblatt hineingeben, bei mittl. Hitze
ca. 45 Min. offen garen, Trübstoffe
dabei abschöpfen.
Haxen im Sud beiseite stellen.
Graupen in kochendem Salzwasser
5 Min. vorgaren, abgießen, abtropfen
lassen.
In einem großen, flachen Topf mit
heißem Öl Schalotten nur kurz farb-
los andünsten.
Graupen zugeben, 2 Min. unter
Rühren dünsten. Mit Fond auffüllen,
salzen, pfeffern, 25-30 Min. offen
garen. Nach 10-15 Min. Gemüse, in
0,5 cm große Würfel zerteilt, mit
Rosmarinzweig zufügen. Zum Schluss
mit Essig abschmecken.
Haxen im Sud erwärmen. Gemeinsam
mit Meerrettich bestreut anrichten.

den von den Gästen sehr gut angenommen.
Auf Eis, Rote Grütze und Milchreis muss
ebenfalls niemand verzichten. Umfangreich
präsentiert sich auch das Angebot an heißen Getränken von den typischen friesischen Leckereien wie Eiergrog, Pharisäer
oder der Sylter Welle bis zur großen Tee-
Auswahl.

Zu jeder Jahreszeit ist das idyllische und je
nach Wetterlage manchmal auch mystische
Watt vor der Haustür ein Erlebnis. Während
im Winter die großen Fenster des Cafés
einen weiten Blick nach draußen freigeben,
lockt im Sommer die große Terrasse, die
auch von der Wattseite aus bequem zu erreichen ist.

SYLTER TEEKONTOR

SYLTER TEEKONTOR GMBH

SIIDIK 15
25980 KEITUM
TELEFON   0 46 51 - 3 35 70
BESTELL-HOTLINE 0 46 51 - 99 59 90
BESTELL-FAX   0 46 51 - 9 95 99 25
E-MAIL INFO@TEEKONTOR.DE
ONLINESHOP WWW.TEEKONTOR.DE

Das Sylter Teekontor ist für Teeliebhaber - und alle, die es werden wollen – ein wahres Paradies. Über 300 Sorten aus China, Nepal, Vietnam sowie Afrika, Indien und Japan verströmen ihren verheißungsvollen Duft. Grüner und schwarzer, Kräuter- und Früchtetee, hier gibt es für jeden Geschmack garantiert das Richtige: gesunden Pu Erh' und aromatischen Rooibusch-Tee, Friesen- und English Blends, einige edle Raritäten, daneben die beliebten hauseigenen Mischungen und zahlreiche aromatisierte Tees wie Schokomint-Traum, Sylter Wintertee, Stern von Arabien, Keitumer Feuer, Sylter Eierpunsch und Kaminfeuer-Früchtchen. Es fällt schwer, sich bei dieser riesigen Auswahl an Spitzentees und feinsten Mischungen aus aller Welt zu entscheiden. Jeden Tag wird ein anderer Teepunsch im Ausschank angeboten und

während man gemütlich stöbert, kann man ein Tässchen genießen - kostenlos natürlich. Jeden Tee kann man darüber hinaus selbstverständlich vor dem Kauf probieren. Im ganzen Haus riecht es nach Gewürzen, Kräutern und Früchten, denn hier vor Ort werden sämtliche Sorten nach geheimen und z. T. jahrhundertealten Hausrezepten gemischt. Besonders beliebt sind der Vanilletraum, die Sonntags- und die Sylter Mischung. Das Sylter Teekontor folgt den Trends, neben Grüntee ist vor allem der Rooibusch sehr beliebt. Rohstoffe und Lieferanten werden sorgfältig ausgesucht, viele Tees stammen von bio-organischen Plantagen. Auch werden sie ständig im Labor und von unabhängigen Testern auf ihre Qualität hin überprüft. Früchtetees werden mit gefriergetrockneten Früchten, Kräuter-

tees mit Kräutern aus ganz Europa angereichert. Bei aromatisierten Tees werden nur natürliche und naturidentische Stoffe verarbeitet.

Von hier aus gehen die Tees dann in die ganze Welt. Die vielen Stammkunden haben die hohe Güte aller Sorten, die im Sylter Teekontor zur obersten Maxime erklärt wird, zu schätzen gelernt und kommen regelmäßig nach Keitum bzw. in die Filiale nach Westerland oder nutzen die Möglichkeit des Versandes. Teefachgeschäfte und Gastronomiebetriebe auf Sylt und in ganz Deutschland werden ebenfalls regelmäßig beliefert.

In den beiden lichtdurchfluteten und aromatisch duftenden Räumen kann der Besucher aber noch viel mehr entdecken, so beispielsweise Honig, Friesenkekse und Zucker, beliebt sind auch die zum Teil mit Rum und Vanille angereicherten Kandis-Sorten. Außerdem gehören natürlich Teedosen und –kannen, wertvolle Samoware und sonstiges Zubehör, das bei der Zubereitung des edlen Getränks hilfreich ist, sowie Teeliteratur zum Sortiment.

Ein schönes Mitbringsel für die Daheimgebliebenen bieten die individuell zusammengestellten Tee-Präsent-Körbe und Tee-Sträuße.

Einen besonderen Service bietet das Teekontor von März bis Oktober an (donnerstags, 19 Uhr): Teeseminare.

Was ist Oolong, was ein first und second flush, worin besteht der Unterschied zwischen high- und mediumgrown? Wo liegen die Anbaugebiete Ceylon, Assam, Darjeeling und Formosa?

Hier erfahren Sie die Antwort. Außerdem werden die unterschiedlichen Teesorten, die Geschichte des Tees, die richtige Aufbewahrung und Zubereitung sowie Funktion und Wirkung einiger Teesorten erläutert. Teilnehmer sind Urlauber und interessierte Servicekräfte, die den Gast fachgerecht beraten wollen. Denn in ganz Nordfriesland wird der Teebeutel geächtet, es ist vielmehr vom Gourmet-Tempel bis zum einfachen Landgasthof üblich, frisch aufgebrühten Tee mit Sahne und „Kluntjes" zu servieren. Und nicht selten stammt der Tee dann aus dem Sylter Teekontor.

GRÜNHOF-STUBEN

**RESTAURANT
GRÜNHOF-STUBEN**

SÜDERSTRASSE
25980 KEITUM
TELEFON 0 46 51 – 3 15 01

RUHETAG: MONTAG

In Keitum geht es noch beschaulich, ruhig und idyllisch zu. Reetgedeckte Friesenhäuser in großer Zahl, grüne Wiesen rund ums Dorf und grasende Pferde, Kühe und Lämmer auf ihren Weiden machen den Reiz des hübschen Dörfchens aus. Die engen Gässchen mit Geschäften, Teestuben und Restaurants laden zum Verweilen ein. Hier ist Sylt weitgehend ursprünglich geblieben – Keitum gilt daher als schönstes Dorf der Insel. Folgt man der Straße in Richtung Archsum, so gelangt man kurz vor dem Ortsausgang zu den Grünhof-Stuben, die Holger Autzen seit vielen Jahren erfolgreich führt. Der Sylter absolvierte seine Ausbildung im renommierten Hotel Strandhörn in Wenningstedt und wechselte schon mit 23 Jahren als Küchenchef zu den Grünhof-Stuben, bis er dann selbst die Leitung des Restaurants übernahm.

Er bietet eine frische, norddeutsch geprägte Küche und arbeitet dabei mit Waren aus der Region. Lammsülze, das vorgestellte Rezept, und Sauerfleisch sind - wie Fonds und Suppen – hausgemacht. Die Stammkarte wird von Steak- und Fischgerichten dominiert, und mit einer abwechslungsreichen Wochenkarte reagiert Autzen auf die Gegebenheiten der Saison. Seine zahlreichen Stammgäste, zu denen auch viele Sylter gehören, freuen sich dann auf Spargel, Pfifferlinge und andere Köstlichkeiten. Liebhaber von zartem Lammfleisch können sicher sein, dass es in den Grünhof-Stuben von Keitumer Lämmern stammt. Zu den Spezialitäten des Hauses gehören auch die knusprige Wildente, Sylter Ziegenkäse, Rumpsteaks vom Angus-Rind und Lachstartar auf Kartoffelpuffer. Wer Fisch bevorzugt, dem wird die Wahl schwer gemacht

bei all den leckeren Angeboten in gedünste-
ten, gegarten und gebratenen Variationen,
in Eihülle oder mit Senfsauce. Meeresfrüchte sind ebenso reichhaltig vertreten
in Form von Miesmuscheln, Scampi und
Nordseekrabben.

Passend dazu bietet Autzen Weine an, die
im sonst eher dem Gerstensaft zugeneigten
Norden zunehmend an Beliebtheit gewin-
nen. Sie kommen aus namhaften Wein-
gütern der verschiedenen deutschen Anbaugebiete sowie aus den europäischen Wein-
nationen Italien, Spanien und Frankreich.
Ab Ostern, wenn die Saison auf Sylt wieder
anläuft, öffnet der Grünhof auch mittags
seine Pforten. Holger Autzen kocht allerdings nur noch selten, stattdessen betreut
der bodenständige Gastronom seine Gäste

mit friesisch-ruhiger Gelassenheit. Er, der
seit 1985 in den Grünhof-Stuben tätig ist,
weiß, was seine Gäste schätzen, und tut
alles, um dies Tag für Tag gelungen umzusetzen.

SÜLZE VOM LAMM MIT KRÄUTERSENFSOSSE

Zutaten für 6 Personen:

je 1 kg Schulter und Nacken
vom Lamm
1 Zwiebel
1 Lorbeerblatt
Piment
Pfefferkörner
Salz, Zucker, Essig
100 g Mixed Pickles
10 Blatt Gelatine
3 Eigelb
$\frac{1}{2}$ l Öl
2 TL Senf
1 TL Gurkenwasser
Petersilie, Schnittlauch,
Dill, fein gehackt
Worcestersauce

Zubereitung:

Das Fleisch mit den Gewürzen in kaltem Wasser aufsetzen und süß-sauer
abschmecken. Ca. 2 Stunden köcheln
lassen. Dann herausnehmen und
abkühlen lassen. Fleisch und Mixed
Pickles in Würfel schneiden und in
einen Topf geben. Mit dem passierten
Fond auffüllen und aufkochen. Dann
die zuvor in kaltem Wasser einge-
weichte und ausgedrückte Gelatine
einrühren. Alles in eine Form füllen
und für ca. 24 Stunden kalt stellen.
Eigelb, Senf und Gurkenwasser verrühren. Öl unter ständigem Rühren unterziehen. Mit Salz, Pfeffer, Zucker und
Worcestersauce abschmecken, zum
Schluss Kräuter dazugeben.
Sülze in Scheiben aufschneiden und
mit der Kräutersenfsoße anrichten.
Dazu passen Bratkartoffeln mit Speck
und Zwiebeln.

FÄHRHAUS

HOTEL RESTAURANT FÄHRHAUS

HEEFWAI 1
25980 MUNKMARSCH
TELEFON   0 46 51 – 93 97-0
TELEFAX   0 46 51 – 93 97-10
E-MAIL FAEHRHAUS-SYLT@T-ONLINE.DE
WWW.FAEHRHAUS-SYLT.DE

RUHETAGE RESTAURANT FÄHRHAUS:
MONTAG, DIENSTAG

Im 19. Jahrhundert war der Munkmarscher Hafen der wichtigste Ort der Insel. Er war das Ziel der Fähren, die Sylt mit dem Festland verbanden und die Sommergäste auf die Insel brachten.

Heute, 75 Jahre nach Bau des Hindenburgdamms, wird der einst so lebhafte Ort nur noch als Yachthafen genutzt. Um so entspannter lässt es sich in dieser Idylle aus Ruhe und Abgeschiedenheit anspruchsvoll Urlaub machen. Das Hotel Fährhaus gehört zu den „Small Luxury Hotels of the World" und wurde außerdem als „L´Art de Vivre-Gourmet-Residenz" ausgezeichnet. Es bietet seinen Gästen einen erholsamen Aufenthalt auf hohem Niveau, einen reizvollen Blick aufs Watt, umfangreiche Wellness- und Beautyangebote und kulinarische Genüsse

der Spitzenklasse. Der 1999 neu hinzugekommene Hoteltrakt passt sich mit seinem postmodernen Baustil und den eindrucksvollen Lichtarkaden hervorragend an das bereits seit 1880 bestehende historische Gebäude im viktorianischen Stil an. Jedes der 20 großzügigen und komfortablen Zimmer trägt einen floralen Namen - die Innenausstattung wurde von der Düsseldorfer Architektin Ilca Klaus mit sicherer Hand für Farben, Formen und Materialien passend dazu gestaltet. Von jedem Zimmer bietet sich ein faszinierender Ausblick auf Watt oder Wald.

Kulinarisch hat man die Wahl zwischen dem eleganten und stilsicher gestalteten Gourmet-Restaurant Fährhaus und der friesisch-rustikalen Käpt'n Selmer Stube mit

MUNKMARSCH

KROSS GEBRATENE IMPERIAL
WACHTELBRÜSTCHEN AN ERDBEER-
ROQUETTESALAT MIT ALTEM
ACETO BALSAMICO

Zutaten:
8 Imperial-Wachtelbrüstchen
(à 30-40 g)
20 g Butter
1 Rosmarinzweig
1 Thymianzweig
125 g Erdbeeren, geviertelt
200 g Roquettesalat (Ölrauke),
ohne Stiel, geputzt
20 g Pinienkerne, geröstet
Salz
Pfeffer aus der Mühle
Aceto Balsamico, mindestens
8 Jahre alt
Olivenöl

Zubereitung:
Die Wachtelbrüstchen gewürzt in
etwas Öl auf der Hautseite anbraten,
im Ofen ca. 1-2 Minuten bei 175°C
garen. Herausnehmen, Öl abtropfen
lassen. Butter, Rosmarin und Thymian
in die noch heiße Pfanne geben,
Wachtelbrüstchen auf der Fleischseite
nochmals 1 Minute bei schwacher
Hitze sautieren. Danach in Alu-Folie
ca. 3 Minuten an einem temperierten
Platz ruhen lassen.

Salat mit Erdbeeren, Olivenöl und
Aceto Balsamico mischen, Salz und
Pfeffer zufügen und mittig auf einen
Teller platzieren. Wachtelbrüstchen
außen anlegen. Pinienkerne über den
Salat streuen. Etwas Geflügeljus über
die Wachtelbrust nappieren.

Dazu serviert Küchenchef Alexandro
Pape eine Spargelmousse aus weißem
Spargel.

ihren wertvollen Delfter Kacheln. Hier gibt es Kaffee und Kuchen am Nachmittag und abends wird eine raffiniert-regionale Saisonküche geboten, die von einem Carpaccio vom Deichlamm über gebratenen Zander mit Birnen, Bohnen und Speck bis zum Spanferkelrücken mit Kümmeljus und Grünkohl reicht. Küchenchef Alexandro Pape kocht auch im Gourmet-Restaurant gerne mit heimischen Produkten, weisen sie doch Qualität, Frische und eine einwandfreie Herkunft auf. So wird die Roulade von Seezunge und Jacobsmuscheln auf Stielmus serviert, das Salzwiesenlamm mit Pecorino-

kruste auf Tomaten-Polentacreme mit Artischocken vereint. Und der beliebte Milchreis präsentiert sich zum Dessert in Eisform mit Cassismousse und Litschis. Die Harmonie von hiesigen Zutaten unter dem Einfluss einer kosmopolitischen Küche wird optimal umgesetzt. Alexandro Pape sorgt mit seinem Team für eine anspruchsvolle leichte Küche, die höchsten Ansprüchen gerecht wird. Seine Kunst am Herd wurde 2002 mit einem Michelin-Stern gekrönt, der sicher nicht das Ende seiner bisher erstklassigen Laufbahn in der Gourmet-Welt des Landes markiert.

GOGÄRTCHEN

GOGÄRTCHEN

ROLF SEICHE
STRÖNWAI
25999 KAMPEN
TELEFON   0 46 51– 4 12 42
TELEFAX   0 46 51– 4 11 72
E-MAIL: GOGAERTCHEN@KAMPEN.DE

GEÖFFNET: 21. FEBRUAR – ENDE OKTOBER
UND WEIHNACHTEN - SILVESTER

Das Gogärtchen in Kampens berühmter „Whiskeymeile" ist seit fünf Jahrzehnten eine feste Sylter Institution. Es fällt schwer, etwas Neues über dieses einzigartige Haus und seinen charismatischen Besitzer Rolf Seiche zu schreiben, existieren doch bereits so viele Berichte wie Strandkörbe am Kampener Strand, aber diese Entdeckungsreise wäre ohne das Gogärtchen nicht komplett, ein Besuch ist in vielerlei Hinsicht – auch kulinarisch – ein Erlebnis.

1951 als Café von der Familie Gogarten etabliert, avancierte das Haus raketenartig zum Promi-Treff, der vor allem durch die Partys von Gunther Sachs Aufsehen erregte. Seiche absolvierte unterdessen eine erstklassige Ausbildung an renommierten Hotelfachschulen und verbrachte lange Jahre im Ausland, fuhr z. B. als Stewart bei der Holland-Amerika-Linie, bevor er in den 60er Jahren nach Sylt kam, wo er zunächst in der „Tenne" für so illustre Gäste wie Ex-Kaiserin Soraya oder Krupp-Chef Berthold Beitz Cocktails mixte.

1982 übernahm der Vollblutgastronom mit dem ansteckenden dunklen Lachen dann die Regie im Gogärtchen. Er ist für alle nur der „Rolf", kümmert sich allgegenwärtig und charmant um seine Gäste, von denen viele in den letzten 20 Jahren zu guten Freunden geworden sind. Nirgends sonst findet man Atmosphäre, Individualität, kulinarische Genüsse - kurz: eine einzigartige Erlebnisgastronomie - so perfekt abgestimmt wie hier. Ob am Nachmittag zum Champagner an der Freiluft-Bar und zu Kaffee und Kuchen, die noch heute nach den Rezepten von Oma Gogarten gebacken werden, im großzügig gestalteten Garten oder am Abend, der sich problemlos bis in die Nacht an der einladenden Bar verlängern lässt, im Restaurant - netter, zuvorkommender Service und köstliche

Gaumenfreuden stehen hier rund um die Uhr auf dem Programm und bieten für jeden Geschmack das Richtige.

Das Carpaccio vom Salzwiesenlamm, die euro-asiatischen Amuse gueles oder der lauwarme Hummer auf Tomatenschaum bieten lukullischen Hochgenuss. Der junge, engagierte und sehr sympathische Küchenchef Thomas Fischer kann bereits viele erstklassige Stationen in seiner Karriere vorweisen. Seine Tätigkeiten in renommierten Betrieben in seiner Heimatstadt Frankfurt am Main, im Saarland und auf Sylt ergänzen internationale Auszeichnungen und die Mitgliedschaft bei Eurotoques, der europäischen Koch-Vereinigung, die von Paul Bocuse mitbegründet wurde. Seit Ende `99 verwöhnt er nun die Gogärtchen-Gäste mit seiner klaren, kreativen und leichten Küche.

GEEISTES FRIESENTÖRTCHEN MIT MOUSSE VON BRAUNER UND SAUCE VON WEISSER SCHOKOLADE

Zutaten:

Friesentörtchen: 3 Eigelb, 40 g Zucker, 50 ml weißer Rum, 25 g Rosinen, eingeweicht, gehackt, 1/4 l geschlagene Sahne

Garnitur: 50 ml geschlagene Sahne, 50 g Pflaumenmus, 40 g zartbittere Kuvertüre

Mousse: 60 g zartbittere Kuvertüre, 2 Eiweiß, 25 g Zucker, 1 Eigelb 150 ml geschlagene Sahne

Sauce: 100 ml Milch, 50 ml weißer Rum, 10 g Honig, 40 g weiße Kuvertüre, 1/2 Vanilleschote, 1 Eigelb

Zubereitung:

Eigelb, Zucker und weißen Rum im Wasserbad auf ca. 70 °C aufschlagen, dann kalt schlagen. Rosinen mit der Schlagsahne unterheben. Parfaitmasse in Ringe füllen (Umfang 6 cm), für ca. 4 Std. einfrieren.
Törtchen stürzen, mit geschlagener Sahne, Kuvertüre und Pflaumenmus garnieren.
Für die Mousse Kuvertüre im Wasserbad schmelzen, Eiweiß mit Zucker steif schlagen. Eigelb in die Kuvertüre rühren, erst geschlagene Sahne, dann vorsichtig Eiweiß unterheben, Mousse ca. 3 Std. kühl stellen.
Für die Sauce Milch, Honig und Vanille aufkochen. Gehackte Kuvertüre und Eigelb dazugeben und zur Rose abziehen (auf ca. 70 °C erhitzen, so wird die Sauce sämig).

VOGELKOJE

RESTAURANT VOGELKOJE

LISTER STRASSE
25999 KAMPEN
TELEFON   0 46 51–9 52 50
TELEFAX   0 46 51–95 25 95

GEÖFFNET:
TÄGLICH AB 9.30 UHR

Vogelkojen dienten den Nordfriesen einst zur Entenjagd, in einer Zeit, als der Tourismus noch fern und die Bevölkerung arm war. Auf einem Teich lockten zahme Enten ihre wilden Artgenossen an. Futter zog die Tiere in Fangkanäle, wo sie leichte Beute der Jäger wurden. Auf allen nordfriesischen Inseln gab es solche Anlagen. Heute haben sie sich zu geschützten Zonen für Flora und Fauna entwickelt.

Auch das Restaurant Vogelkoje, seit 1997 unter der Leitung von Andreas Bernert und Andrea Woog, liegt mitten im idyllischen Kampener Naturschutzgebiet, umgeben von paradiesischer Ruhe, zwitschernden Vögeln und einem prächtigen Garten mit Birken und Pappeln. Diese friedliche Oase lockt die Besucher ebenso an wie die kulinarischen Genüsse in bewährt hoher Qualität des Hauses, das schon ab 9.30 Uhr seine Pforten öffnet. Manch ein Urlauber beginnt seinen Tag genussvoll mit dem „Sylter-" oder dem „Champagner"-Frühstück. Ab 12 Uhr gilt die rustikale Mittagskarte, die mit dem „Kojenknüller", einem preisgünstigen Tagesgericht, sowie deftig-leckerer Hausmannskost aufwarten kann. Am Nachmittag gibt's hausgemachten Kuchen.

Und am Abend öffnet dann die edle Gourmetküche von Gerhard Diehm. Nach lehrreichen Jahren am Bodensee und in der Schweiz zog es den Koch nach Sylt, wo er zunächst im renommierten Hotel Walter's Hof in Kampen tätig war, bevor er vor fünf Jahren in die elegant-rustikale Vogelkoje wechselte. Rund um den offenen Kamin gruppieren sich Holztische und eiserne Sitzgruppen. Viele einfallsreiche Accessoires und die fröhlichen karierten Vorhänge schaffen durch bewusst gesetzte Akzente ein mediterran anmutendes Wohlfühl-Ambiente. Die Küche zeichnet sich durch eine klare, leichte Linie aus, die das regionale Moment nicht vernachlässigt und euro-asiatische Raffinesse aufweist, wie Jakobsmuschel-Wan-Tan und Scampi auf süß-saurem Spargelsalat oder Carpaccio vom Angusrind auf Bärlauch-Pesto beweisen. Sehr beliebt sind bei den Gästen Spezialitäten wie die halbe Vogelkojenente, eine Reminiszenz an die Vergangenheit,

der zarte Deichlammrücken, Hummer in Vanille-Limonensauce und Steinbeißer auf Sauerkrautpüree. Zum Dessert gibt's Schokoladen-Variationen, warmen Rhabarberkuchen mit Erdbeersalat oder Grießflammeri mit Sylter Rote Grütze.

Das Kojenmenü mit vier erlesenen Gängen sowie Tagesempfehlungen mit den Spezialitäten der Saison ergänzen die alle zwei Monate neu konzipierte Speisekarte ebenso wie Gourmet-Abende, die unter einem Motto stehen oder einem internationalen Gast-Koch gewidmet sind.

DIE VOGELKOJENENTE

Zutaten

1 Ente, ca. 2 kg
je 1 Apfel, Zwiebel, Orange, in walnussgroßen Stücken
1 Karotte, 1 Bd. Suppengrün, klein geschnitten
$\frac{1}{2}$ l Geflügelfond
Tomatenmark
Salz, Pfeffer, Paprika
2 Nelken
1 Lorbeerblatt
Thymian
Balsamico-Essig
Rotwein
Zucker
30 g Butter

Zubereitung

Die Ente von Flügelknochen, evtl. Hals, Innereien und Fett befreien. Mit einem Salz-Pfeffer-Paprika-Gemisch einreiben und mit der Mischung aus Apfel, Zwiebel und Orange, gewürzt mit Pfeffer und Salz, füllen. Auf der Brust mit dem Fond im Ofen bei 185°C 20 Min. garen. Auf den Rücken drehen, klein gehackte Geflügelknochen zugeben, weitere 70 Min. garen. Nach $\frac{1}{2}$ Std. Suppengrün und Gewürze mitrösten lassen. Viertelstündlich Ente mit Bratensaft übergießen. Nach insg. 90 Min. Ente herausnehmen, warm stellen. Bratensaft, Knochen und Gemüse in einen Topf geben, auf $\frac{1}{3}$ reduzieren, mit Balsamico, Rotwein und Zucker abschmecken. Sauce durch ein Sieb streichen, Butter hinzufügen. Die Ente portionieren und mit Rotkohl, Rotweinbirne und Kartoffelknödel servieren.

Die Kupferkanne

Die Kupferkanne

Stapelhooger Wai 7
25999 Kampen
Telefon   0 46 51– 4 10 10
Telefax   0 46 51– 4 38 10
E-Mail info@kupferkanne-sylt.de
www.kupferkanne-sylt.de

Geöffnet: Täglich von 10-18 Uhr

Das einzigartige Ambiente der Kupferkanne ist eigentlich mit Worten nicht zu beschreiben, denn sie ist eine Ausnahmeerscheinung auf der „Kulinarischen Entdeckungsreise". Im Inneren durchwandert der Besucher gewundene Gänge und nimmt in liebevoll gestalteten Nischen und Winkeln an Tischgruppen Platz, die an das Mobiliar einer Puppenstube erinnern. Draußen lockt der mediterran anmutende Kaffeegarten, eingebettet in eine wild-bizarre Landschaft, und gibt einen faszinierenden Blick aufs Wattenmeer frei, das sich mal mystisch, mal sonnig-mild präsentiert. Fernab von der Betriebsamkeit der Inselorte taucht man ein in ein unverfälschtes Naturerlebnis. Die Gäste sitzen inmitten

gestutzter Kiefernbäumchen, die trotz der Größe des Cafés eine private Atmosphäre erzeugen.

Opulente Frühstücksangebote bieten den perfekten Start in den Tag. Brot, Brötchen und Kuchen sind sämtlich hausgemacht, ebenso die Quarkspeise mit frischen

Früchten. Wenn der Duft frisch gerösteten Kaffees die Nase umweht und eines der riesigen Kuchenstücke, die in der hauseigenen Backstube nach alten Rezepten gebacken werden, serviert wird, ist das Urlaubsglück perfekt. Neben dem „Kupferkannen-Kaffee" gibt es Kaffeesorten aus aller Welt von Java über Kenia bis zum Jamaica Blue Mountain, eine der teuersten Sorten der Welt. Die Bohnen werden hier gemahlen und am Tisch überbrüht. Purer kann Kaffeegenuss nicht sein!

Die Entstehungsgeschichte der Kupferkanne liest sich spannend wie ein Roman. Im Mai 1945 wies man dem Oberleutnant zur See Günter Rieck einen alten Bunker in Kampen zu. Hier schuf sich der Bildhauer ein künstlerisches Refugium, das man noch heute in Verbindung mit dem spröden Charme der einstigen Flakstellung an vielen Ecken hautnah erleben kann. 1950 gründete Rieck dann das Künstler-Lokal „Kupferkanne", das in den folgenden Jahrzehnten zu einer legendären gastronomischen Institution wurde. Stammgäste aus der ganzen Welt lieben diesen „magischen Ort am Watt". Auch nach Riecks Tod 1983 blieb Ehefrau Ruth Inhaberin der Kupferkanne, unterstützt von Willi Schäfer. Die Leitung haben inzwischen Susanne Reinhart und Marco Brodersen übernommen, die als langjährige Mitarbeiter alle Stationen des Hauses sowie die Wünsche ihrer Gäste bestens kennen. Vom ersten Frühstück in der Frühlingssonne über das Glück, im Sommer einen der schattigen Plätze unter den riesigen Sonnenschirmen zu ergattern, bis zur gemütlichen Teestunde am Kamin im Winter – die Kupferkanne strahlt zu jeder Jahreszeit einen ganz besonderen Charme aus.

VITALBROT

Zutaten:

Körnermischung:

je 40 g Leinsaat, Roggenvollkorn, Hirse, Mais-, Gersten- und Buchweizengrieß,
ganze Weizenkörner, Grünkern
80 g Weizenschrot
120 g Sonnenblumenkerne
1 gestrichener TL Kümmel

Teig:

120 g Sauerteig
20 g Salz
20 g Hefe
30 g Honig
je 50 g Weizen- und Roggen-Vollkornschrot

Zubereitung:

Zutaten der Körnermischung langsam miteinander vermischen. Mit 300 ml heißem Wasser mit der Hand durchrühren. Über Nacht einweichen lassen. Dann Sauerteig, Salz, Hefe, Honig und Schrot dazugeben, das Ganze gut durchkneten. Ist der Teig zu fest, etwas Wasser zufügen. In einer vorgefetteten Kastenform an einem warmen Ort etwa eine Dreiviertelstunde gehen lassen. Dann bei 210 °C ca. 50 Minuten backen.

Das täglich frisch gebackene Vitalbrot wird zum Kupferkannen-Fitness-Frühstück zusammen mit einem Becher grünem oder weißem Tee, einem Glas Multivitaminsaft und einem Müsli mit frischen Früchten serviert.

HOTEL RUNGHOLT

in nur 100 Tagen erbaut und seit damals eine Institution auf der Insel. Dirk Erdmann leitet das Haus nun in vierter Generation und noch immer wird regelmäßig renoviert und erweitert. Ab Frühling 2003 stehen nochmals 13 komfortable Einheiten zur Verfügung.

Dieses harmonische Anwachsen des Hotels macht seinen besonderen Charme aus. Die großzügige Wellness-Landschaft mit Schwimmbad, Sauna, Solarium und Massagebereich gab es in den 30er Jahren natürlich noch nicht, auch das umfangreiche Angebot rund um Schönheit und Gesundheit wird erst seit einigen Jahren angeboten. Das stilvoll-legere Ambiente des traditionsreichen Hauses ist jedoch unverändert beibehalten worden. Das Hotel soll ein Stück Zuhause sein, Entspannung vom Alltag und Wohlfühlatmosphäre zulassen. Dirk Erdmann liegt vor allem am Herzen, neben den treuen Stammgästen auch ein jüngeres Publikum und Familien anzusprechen. Das Hotel liegt zwar an einem der schönsten Flecken Kampens, doch Glamour und das Spiel um „sehen und gesehen werden" gibt es hier nicht. Der Blick aus dem Fenster beweist, dass Kampen hier ursprünglich und natürlich geblieben ist.

HOTEL RUNGHOLT

FAMILIE ERDMANN
KURHAUSSTRASSE 35
25999 KAMPEN
TELEFON   0 46 51 – 4 48-0
TELEFAX   0 46 51 – 4 48-40
E-MAIL HOTEL.RUNGHOLT@T-ONLINE.DE
WWW.HOTEL-RUNGHOLT.DE

Vor der Haustür beginnt die wildherbe Dünenlandschaft des Roten Kliffs, nur wenige Schritte weiter der kilometerlange Sandstrand, hier – am Rande von Kampen, kurz vor dem Klippenrand und gesegnet mit einem freien, weiten Blick zur Nordsee – steht das Hotel Rungholt, 1933

Wer hier Urlaub macht, der sucht Ruhe und will die familiäre Gastlichkeit des Hauses genießen – und sich kulinarisch verwöhnen lassen.

Die exzellente Küche des Hauses bleibt den Hausgästen vorbehalten. Küchenchef William Wallner verwöhnt die Gäste allabendlich mit einem 4-Gang-Menü, das von den Küchen dieser Welt geprägt ist, aber auch die Spezialitäten der Region nicht vernachlässigt. Der in Südamerika geborene Österreicher kann dabei besonders von den interessanten Stationen seines kulinarischen Werdegangs in Südafrika, Österreich und Schwäbisch-Hall profitieren.

Auch Dirk Erdmann ist gelernter Koch und arbeitete in einigen der führenden Häuser der Republik. Anfang der 90er Jahre folgte er dann dem Ruf des Vaters, kehrte zurück in den elterlichen Hotelbetrieb und kocht heute nur noch für seine Familie.

Am Abend kommen die Gäste gern noch auf einen Drink an die Reiter-Bar, Sylt-Urlaubern seit Jahrzehnten ein Begriff. Über 100 Cocktails stehen hier zur Auswahl, um den Abend kulinarisch abzurunden. Schön, wenn es dann nur noch wenige Schritte bis in eines der stilvollen, großzügig angelegten Zimmer sind, man noch ein wenig auf dem Balkon, der zu jedem Studio, oder der Terrasse, die den meisten Suiten angegliedert ist, verweilen kann, um den Tag ausklingen zu lassen. Auch hier hat sich einiges geändert im Vergleich zu jener Zeit, als es in einer Anzeige hieß: „Das Hotel ... ist der Jetztzeit entsprechend mit allem Komfort eingerichtet (Wasserspülung) ... Elektrisches Licht in allen Räumen ...“

FRIESEN MAX

Für 6 Personen

Zutaten:

450 g Nordseekrabben
6 Scheiben Vollkornbrot
70 g Butter
3 Eier
40 ml Sahne
1 Bund Schnittlauch
60 g Forellenkaviar
Kresse
5 g rosa Pfefferbeeren

Zubereitung:

Vollkornbrot mit einem Durchmesser von 8 cm rund ausstechen. In der Butter leicht anrösten. Darauf die Nordseekrabben verteilen. Eier mit Sahne und fein geschnittenem Schnittlauch verquirlen und in einer Pfanne ein Rührei herstellen. Das Rührei auf die Krabben geben und mit Forellenkaviar garnieren. Brotscheibe auf dem Teller anrichten. Mit Kresse und rosa Pfefferbeeren garniert servieren.

Dorfkrug Rotes Kliff

Gemütlichkeit. Kostbare Delfter Kacheln und niedrige Decken verweisen auf die traditionsreiche Geschichte des Hauses, das bereits 1876 Gäste bewirtete. Damals kamen die Kurgäste mit der Fähre im Munkmarscher Hafen an und wurden von dort mit Pferdekutschen weiterbefördert. Auf dem Weg in die Inseldörfer nutzten Fuhrleute wie Touristen den Dorfkrug zur kulinarischen Rast.

Doch zurück in die Gegenwart. Das Millennium hatte für den Dorfkrug eine ganz besondere Bedeutung. Mit dem Start ins 3. Jahrtausend feierten die Stoltenbergs ihr 20. Jahr im Dorfkrug. Dass Werner Stoltenberg allerorts nur „Muffel", seine Frau Beate „Körnchen" genannt wird, zeugt vom herzlich familiären Umgang zwischen dem Gastronomenpaar und seinen Gästen, zu denen Urlauber wie Einheimische gleichermaßen zählen. Manche nehmen gleich an der großzügigen Bar Platz, andere bevorzugen die etwas kleinere „Poststube", die mit ihrer grünen Holztäfelung urig und nicht minder einladend wirkt.

Die Küche unter der Ägide von Küchenchef Dieter Jensen spiegelt die Philosophie des Hauses wider: Nicht Glamour, sondern pure Frische und Qualität stehen im Vordergrund. Im Dorfkrug kann man gut essen und elegant speisen, je nachdem wonach Gaumen und Stimmung verlangen. Deftige Hausmannskost besteht neben feiner Gourmetküche. Eingelegte Brathering und die hausgemachte Rinderroulade haben ebenso ihren

Restaurant
Dorfkrug Rotes Kliff

Braderuper Weg 3
25999 Kampen
Telefon 0 46 51 – 4 35 00
Telefax 0 46 51 – 4 18 79

Ruhetag:
Montag (nur November – Februar)

Das Rote Kliff, Namensvetter des Dorfkrugs in Kampen, ist das höchste Kliff der Insel. Die beeindruckende Dünenlandschaft, die viereinhalb Kilometer lang und bis zu 30 Meter hoch ist, leidet jedoch, wie die gesamte Westküste der Insel, oft unter den rauen Wetterbedingungen und muss Jahr für Jahr um seine Existenz kämpfen. Im Dorfkrug geht es weit weniger stürmisch zu. Seine friesisch-elegante Atmosphäre wirkt stilvoll und heimelig zugleich. Rotkarierte Tischdecken, Eckbänke und viel Holz verleihen dem Raum Wärme und

SCHWARZE NUDELN MIT HUMMER

Zutaten:

2 Bretonische Hummer à 600 g
Salz
400 g schwarze Spaghettinis
Pfeffer
1 Dillzweig

Sauce:

20 g Dill
je 100 g Lauch, Möhren,
Staudensellerie, in Streifen
geschnitten
4 EL Olivenöl
Butter
2 cl Cognac
$\frac{1}{8}$ l trockenen Weißwein
$\frac{1}{4}$ l Sahne

festen Platz auf der Speisekarte wie ein Lammcareé im Thymianjus oder getrüffelte Kartoffelcremesuppe. Regionale Speziali-

täten beziehen sich nicht nur auf Nordfriesland: Österreichischer Tafelspitz wird ebenso gern gegessen wie norddeutscher

Pannfisch oder Bodensee-Waller. Neben einer preisgünstigeren Mittagskarte gibt es auch eine Auswahl an kalten und vegetarischen Spezialitäten. Im Dorfkrug schmeckt es nicht nur vorzüglich, man kommt auch deshalb gerne wieder, weil man die besondere Atmosphäre und den zuvorkommenden, unaufdringlichen und stets aufmerksamen Service des netten weiblichen Serviceteams zu schätzen weiß.

Zubereitung:

Hummer in kochendes Salzwasser werfen und ca. 8 Minuten garen. Abgießen und in kaltem Wasser abkühlen. Hummer aufbrechen und das Fleisch auslösen, ebenso die Scheren anknacken, Fleisch herausholen und alles in Scheiben schneiden. Öl mit Butter in einer großen Kasserolle erhitzen, Gemüse darin glasig dünsten, mit Cognac und Weißwein ablöschen und mit Sahne auffüllen. Nun den Hummer dazugeben und mit Salz und Pfeffer abschmecken. Währenddessen die Nudeln in reichlich Salzwasser „al dente" kochen, dann auf ein Sieb gießen und abtropfen lassen. Anschließend in die Sauce geben, gut vermengen, in einem tiefen Teller anrichten und mit Dillzweig garnieren.

GOLF- UND LANDHAUS KAMPEN

Weitab vom Trubel Westerlands, aber auch jenseits des Szeneviertels von Kampen kann man hier luxuriös entspannen – und natürlich Golf spielen. Der 18-Loch-Platz - übrigens der nördlichste Deutschlands - beginnt jedoch nicht direkt hinter dem Haus, sondern liegt einige Meter weiter zu Füßen des Leuchtturms Rotes Kliff. Das stört keineswegs, kann man doch auf dem Weg dorthin noch weitere Kleinode friesischer Baukunst bestaunen – in Kampen gibt es nämlich seit 1920 die Verordnung, nur Reetdächer als Bedachung zuzulassen, für die Erbauer eine teure Angelegenheit, für den Urlauber ein optischer Genuss.

Das Golf- und Landhaus bietet allen Komfort, den der anspruchsvolle Gast sich für die schönsten Tage im Jahr wünscht: einen großen Wellness-Bereich mit Schwimmbad, Sauna und Solarium, ein umfangreiches Beauty- und Gesundheitsangebot, einen Fitnessraum, um bei all den kulinarischen Genüssen, die Sylt bietet, überflüssige Pfunde loszuwerden, eine Bar für den abendlichen „Sundowner" und eine idyllische Kaffee- und Frühstücksterrasse, die bei schönem Wetter ins Freie lockt und einen Blick auf den großzügig und üppig bepflanzten Garten freigibt.
In den letzten Jahren ist eine Stammklientel gewachsen, die den englisch inspirierten Countrystil des Hauses zu schätzen weiß. Die unaufdringliche Eleganz der nur zwölf Zimmer und Suiten erschlägt nicht mit Möbelstücken oder schrillen Farben, son-

GOLF- UND LANDHAUS KAMPEN

BRADERUPER WEG 12
25999 KAMPEN
TELEFON   0 46 51 – 46 91 0
TELEFAX   0 46 51 – 46 91 11
WWW.LANDHAUS-KAMPEN.DE

Eindrucksvoll begrüßt das Golf- und Landhaus in Kampen seine Besucher. Die vom Eingang sich nach rechts und links erstreckenden Flügel des prachtvollen Reetdachhauses, das im Jahr 1992 eröffnet wurde und noch immer wie frisch erbaut wirkt, geben dem Reisenden fast das Gefühl, beschützend umfangen zu werden. Im Inneren herrscht eine elegante Ruhe.

dern bietet viel Raum, um zu entspannen und die Ruhe zu genießen. Die Suiten haben sogar – besonders reizvoll im Winter – einen eigenen Kamin. Wer bei prasselndem Feuer und einer Tasse Tee nicht den Alltag vergisst – der kann es wohl nirgendwo.

Kulinarischer Höhepunkt des Tages ist das Frühstück. Es gibt kein Restaurant im Haus, aber die Gäste haben ja ausreichende Möglichkeiten, die ausgezeichnete Gastronomie der Insel zu besuchen. Das ausgedehnte Schlemmerfrühstück bietet bereits einen genussvollen Start in den Tag. Oberste Maxime bei dem kalten und warmen Angebot: Alle Produkte sind von kontrollierter Qualität und kommen aus biologischem Anbau oder artgerechter Tierhaltung. Wer das Sprichwort: „Frühstücke wie ein Kaiser ..." beherzigt, der erhält hier die beste Gelegenheit dazu. Erlesene italienische Wurst- und Schweizer Käsesorten, Eier von glücklichen Hühnern in allen gewünschten

Zubereitungsarten, frische und geräucherte Fischspezialitäten, Obstsalat und Müsli stehen täglich zur Auswahl. Daneben gibt es noch ein täglich wechselndes warmes

Gericht, z. B. frische gebratene Muscheln oder ein zartes Schweinefilet im Speckmantel.

Individuelle Wünsche können jederzeit geäußert werden. Das gilt übrigens auch, wenn der kleine Hunger zwischendurch sich meldet. Salate, herzhafte Kleinigkeiten und frisch gebackener Kuchen können den ganzen Tag über bestellt werden.

Direktor Carsten Mueller führt das Haus stilsicher und kompetent. Der Hotelfachmann sammelte Erfahrungen in namhaften Häusern in der Schweiz, z. B. im renommierten Hotel Guarda Val auf der Lenzer Heide, bevor es ihn in den hohen Norden zog. Nun sorgt er bereits seit einigen Jahren gemeinsam mit seinem Team für gelungene Urlaubstage im Golf- und Landhaus Kampen.

VOM EETEN UND DRINKEN

Nordfriesland ist gesegnet mit den reichen Gaben einer abwechslungsreichen Region. Da gibt es die reichhaltige Fischauswahl, edle Meeresfrüchte, das zarte Fleisch der Salzwiesenlämmer und Wild wie Reh und Ente.

Die hiesige kulinarische Landschaft ist aber auch deshalb so beachtenswert, weil bereits die traditionellen Vorgaben köstliche Gerichte hervorbringen, die in den Restaurants noch äußerst kreativ variiert, verfeinert und weiterentwickelt werden. Vereint mit den Einflüssen fremdländischer Küchen entstehen

genussvolle Verschmelzungen. Den Bezug zur Region verlieren die engagierten und exzellenten Küchenchefs der sehr vielfältigen Gastronomiewelt, die vom bodenständigen Landgasthof bis zum Gourmet-Restaurant reicht, jedoch nie. Und so finden sich auf den Speisekarten einige Gerichte, die man bereits seit Jahrhunderten in Nordfriesland in dieser oder ähnlicher Form zubereitet.

Fisch spielt natürlich die zentrale Rolle. Die beliebte Scholle wird am häufigsten mit Speckwürfeln „nach Finkenwerder Art" oder mit Krabben gefüllt serviert, Seezunge, Aal, Makrele, Hering in Co. kommen gebraten, gedünstet oder eingelegt auf den Tisch.

Beim Matjes, dem jungen Hering, kann man die meisten Varianten ausmachen, er wird u. a. gemeinsam mit grünen Bohnen, Sahnesoße, Äpfeln und Zwiebeln oder Preiselbeeren angeboten.

Die Palette der heimischen Meerestiere reicht von der Nordseekrabbe (unbedingt einmal frisch vom Kutter kaufen und selbst pulen!) über die Muschel bis zur Sylter Royal Auster und dem Helgoländer Hummer.

Das Seemannsgericht Labskaus resultierte aus der Notwendigkeit, bei langen Seereisen das Fleisch zu pökeln, um es länger frisch zu halten. Da aber auch noch Kartoffeln, Rote Beete, Gurken, Zwiebeln und Matjes

dazukommen und das alles lange kochen muss, schmeckt das Ganze wesentlich besser als es aussieht!

Auch Suppen mögen die Friesen gern, und die werden am besten auch mit Fisch gekocht; die Aal-, Krabben- und Fischsuppen des Landes brauchen den Vergleich mit einer französischen Bouillabaisse nicht zu scheuen! Des Weiteren gehören Kartoffelsuppe sowie Fliederbeer- und Buttermilchsuppe zur friesischen Küche.

Im Winter gibt es Grünkohl, der mit Mettwurst oder Pinkel (Grützwurst) serviert wird, im Herbst Steckrüben. Süß und sauer vereinen die Friesen gern auf einem Teller, so wie bei den Gerichten „Birnen, Bohnen und

Speck" und den Mehlbüdeln, die mit Kassler und Obst kombiniert werden.

Deftig ist die friesische Küche allemal, muss man doch dem rauen Klima etwas entgegensetzen! Nach dem Essen gibt's dann einen Korn oder Aquavit, der zügig und eiskalt aus einem eisbeschlagenen Glas getrunken wird und hervorragend „aufräumt".

Süße Leckereien gehören ebenfalls unbedingt zur typisch friesischen Küche. Auf fast jeder Dessertkarte zu finden: Rote Grütze mit Vanillesoße und Friesenwaffeln. Die Friesentorte ist ein gewaltiges Kalorienbömbchen aus Blätterteig, Pflaumenmus und Sahne. Milchreis wird lauwarm und

mit Zucker und Zimt gegessen. Bei den Getränken sind die Friesen nicht weniger anspruchsvoll. Tee wird hier nicht einfach getrunken, er wird zelebriert. Wo man mit purer Verachtung dem schnöden Teebeutel eine Absage erteilt, lässt man Sahne vorsichtig am Tassenrand einfließen, um den Tee zart zu marmorieren, wird mit Kandis gesüßt, der zuerst in die Tasse gehört, damit es beim Eingießen schön knackt. Beim Grog heißt es schlicht: Rum mut, Water dörv, Zucker kann! Rum spielt auch eine wesentliche Rolle bei den äußerst leckeren wie hochprozentigen Köstlichkeiten Eiergrog, Tote Tante, Eisbrecher, Pharisäer & Co, die zu jeder Jahreszeit schmecken, besonders aber nach einem winterlichen Strandspaziergang wohltuend wärmen.

LÄSSIG IM STRANDHÖRN

Köstlichkeiten und verliert dabei nie den Gast aus den Augen. Das tut dieser jedoch auch nicht, erlaubt doch ein Fernseher vor den Glas-Türen des imposanten Weinkellers, der edle Tropfen der besten Winzer weltweit birgt, einen Blick auf die Arbeit von Dirk Lässig und seinem Team. Wer seine schnörkellose, pure Küche probieren will, kann dies nicht nur im Gourmet-Restaurant „Lässig im Strandhörn" tun, sondern bereits tagsüber im – für das hohe Niveau äußerst preisgünstigen – Bistro mit seiner leichten Küche, die

Das traditionsreiche Hotel Strandhörn in Wenningstedt ist seit Jahrzehnten ein Synonym für familiäre Gastlichkeit auf höchstem Niveau. Das schätzte schon Thomas Mann, der sich am 24.8.1921 ins Gästebuch des Hotels eintrug. Er konnte damals allerdings noch nicht die herausragende Küche des mit einem Michelin-Stern gekrönten Dirk Lässig genießen, der nach einer exzellenten Ausbildung bei Haeberlin im Elsass und Haas in München an den heimischen Herd zurückkehrte. Die hohe Auszeichnung hat Dirk Lässig jedoch nicht verändert. Der sympathische und völlig auf dem Boden gebliebene Sylter zaubert regionale bis mediterrane

RESTAURANT LÄSSIG IM HOTEL STRANDHÖRN

DÜNENSTRASSE 1
25996 WENNINGSTEDT
TELEFON   0 46 51 – 9 45 00
TELEFAX   0 46 51 – 4 57 77
E-MAIL REZEPTION@STRANDHOERN.DE
WWW.STRANDHOERN.DE

im südlich anmutenden Wintergarten serviert wird.

Am Abend schaffen helle, fröhliche Farben, eine gelungene Tischdekoration und Kerzenlicht das passende Ambiente für die Genüsse aus Küche und Keller. Frische, hochwertige Produkte, die Vorgaben der Saison sowie mediterrane Einflüsse bestimmen die kreative Speisenfolge. Längst haben Dirk Lässig und sein Küchenchef Dirk Decius den Trend der Zeit, sich auf das Angebot der Region zu besinnen, umgesetzt. Der Gast wird nicht mit Namen erschlagen, die er weder kulinarisch noch geographisch einordnen kann. Husumer Rinderfilet, nordfriesischer Lammrücken und Steckrübenpüree haben sich ihren Platz auf der Karte zurückerobert. Allabendlicher Höhepunkt ist das 8-Gang-Menü, das auf beeindruckende Weise die Kochkunst des Hauses unter Beweis stellt. Korrespondierende Weine werden sämtlich auch offen angeboten.

Das kulinarische Verwöhnprogramm am Abend reicht von marinierten Nordseekrabben mit Reibeküchlein über Jakobsmuscheln auf Paprika-Tomaten-Confit bis zur Orangentorte mit Schokoladen-Pernodsorbet. Am Tag bieten der sonnige Garten sowie der große Wellness-Bereich Entspannung. Pool und Sauna, Dampfbad, Fitnessraum und Massage sowie Thalasso- und Ayurveda-Behandlungen verwöhnen Körper und Geist.

Im Hotel Strandhörn mit seinen nur 26 Zimmern und Suiten kann man gelassen ausspannen und auf höchstem Niveau schlemmen – was braucht man mehr?

GEEISTER CAPPUCCINO MIT FEIGENCONFIT

Zutaten 6 Personen:

Kaffeeparfait:
125 ml starker Kaffee
(4 TL Kaffee auf 125 ml Wasser),
35 g Zucker, 1 Ei, 1 Eigelb,
Kaffeelikör (oder brauner Rum)
125 g geschlagene Sahne

Milchschaum:
100 ml Milch, 10 g Zucker, Bacardi

Feigenconfit:
9 Feigen, 100 g Himbeeren,
50 ml Läuterzucker, 10 g Himbeergeist

Dekoration:
100 g Joghurt, 1 EL Zucker,
Saft 1/2 Limone, 6 Minzeblätter,
1/2 TL Kakaopulver

Zubereitung:

Zucker, Ei und Eigelb in den Kaffee rühren und im heißen Wasserbad aufschlagen. Nach Erkalten mit Likör (Rum) abschmecken. Sahne unterheben, in Cappuccino-Tassen füllen und einfrieren.

Milch, Zucker und Bacardi mit dem Mixstab aufschäumen und auf das Parfait drappieren. Feigen schälen und sechsteln. Himbeeren pürieren, mit Läuterzucker und Himbeergeist abschmecken und passieren. Feigen darin marinieren.

Joghurt, Zucker und Limonensaft mit dem Mixstab aufschäumen, das Confit damit verzieren. Mit Minzeblättern garnieren und etwas Kakaopulver über den Milchschaum der Tassen pudern.

DIE KLEINE WELT

**RESTAURANT
DIE KLEINE WELT**

HAUPTSTRASSE 23
25996 WENNINGSTEDT
TELEFON   0 46 51 – 4 35 49
TELEFAX   0 46 51 – 44 63 95
E-MAIL   DIEKLEINEWELT@PROFIMAIL.DE
WWW.SYLT-DIEKLEINEWELT.DE

RUHETAG: MONTAG

In der Kleinen Welt von Thomas und Nina Gienke ist alles ein bisschen anders. Hier kann der Gast eine kulinarische Entdeckungsreise der besonderen Art erleben. Die Karte ist nämlich nicht wie andernorts üblich nach Vor-, Haupt- und Nachspeisen geordnet, hier kann man vielmehr nach Kontinenten wählen. Die raffinierte Crossover-Küche von Thomas Gienke hält dabei ungewöhnliche kulinarische Genüsse bereit. In Honig gebratene Entenbrust oder im Wok zubereitetes Gemüse mit Mienudeln aus Asien, Steaks mit Barbeque-Sauce aus Amerika, Pariser Pfeffersteak aus Nord- oder Pasta al Pesto aus Südeuropa. Und da Nordfriesland ja bekanntlich auch in Europa liegt, muss man doch nicht ganz auf das Regionale verzichten. Heimische Meeresbewohner, Holsteiner Ente und Keitumer Lammleber dürfen auch hier auf den Teller, wenngleich sie sich diesen mit exotischen Zutaten teilen. Auf Bestellung gibt es neben Austern, Hummer, Seezunge sogar Strauß und Krokodil. Convenience-Produkte finden keine Verwendung, die Steaks haben ordentliche 250 Gramm. Dabei ist das Preis-Leistungs-Verhältnis gastfreundlich geblieben, eine hohe Qualität der Produkte steht – trotz aller Exotik – einem nicht abgehobenen Preis gegenüber. Herausragend auch das Weinangebot: Man hat die Wahl zwischen über 80 Weinen aus fast allen Anbaugebieten der Welt, viele davon werden auch offen angeboten. Keine Überraschung, dass auch das Ambiente ungewöhnlich anmutet. Man hat die Wahl zwischen der Weingrotte, dem Strand-Bereich mit echtem Sand unter den Füßen, der asiatisch dekorierten oder der friesischen Stube, für jene, die auf die Dünen im Hintergrund nicht verzichten wollen.

DAS SPIEL VON MEERBARBE UND RIESENGARNELEN

Zutaten:

4 Meerbarbenfilets
12 Riesengarnelen, geputzt
4 Zitronengrasstengel
1 Tüte Tempurateigmischung
(Asialaden)
550 g gemischtes Gemüse
(nach Saison)
40 g dunkles Sesamöl

Sauce:

120 g Sweet Chilisauce
je 8 g Koriandergrün und Ingwer,
klein gehackt
80 g Fischfond

Zubereitung:

Haut von den Fischfilets lösen und
kross ausbraten. Je 3 Riesengarnelen
auf 1 Zitronengrasstengel stecken.
Tempurateig in Eiswasser anrühren,
kalt stellen. Gemüse kurz blanchieren,
in Eiswasser abschrecken, trockentupfen. Garnelen würzen, durch den
Tempurateig ziehen, in heißem Öl
knusprig ausbacken. Fischfilets würzen
und in Butterschmalz von jeder Seite
1 Min. anbraten. Gemüse in Sesamöl
anbraten. Zutaten für die Sauce verrühren und kurz aufkochen.

Das Gemüse in der Tellermitte platzieren, die Meerbarbe daraufgeben, die
krosse Haut in das Filet stecken. Daneben den Garnelenspieß anrichten.
Mit der Chilisauce überträufeln. Mit
frittierten Glasnudeln und Kapuzinerblüten dekorieren. Dazu passen gebratener Reis oder Mienudeln.

Ein Menü-Abend zum Saisonstart am
31. Mai führt die neue Karte ein, zum
Abschluss Ende Oktober kann man noch
einmal die Highlights des Jahres genießen.
Dazwischen arrangiert das ideenreiche
Gastronomenpaar Events wie Matjes- und
Steakwochen, karibische Nacht mit Live-
Musik oder eine Finger-Food-Party.
Gienke war lange Jahre Privatkoch von
Kaffeekönig Claus Jacobs, kochte in Athen,
der Schweiz und landete Anfang der 90er
Jahre wieder auf Sylt, wo er erneut in den
besten Restaurants der Insel am Herd
stand. Noch heute reist er gern umher,
setzt seine Erfahrungen in der heimischen
Küche um und besetzt mit seinem kreativen
und innovativen Stilmix eine Marktlücke.
Das schätzen neben den Urlaubern vor
allem auch die Sylter, die den Großteil
seiner Stammgäste ausmachen, worauf
Gienke ein wenig stolz ist, denn der Sylter
ist wählerisch, stehen ihm doch vom Imbiss
bis zur Sternegastronomie alle Küchen
offen.

KLIFFKIEKER

RESTAURANT UND CAFÉ
KLIFFKIEKER

STRANDSTRASSE 24
25996 WENNINGSTEDT
TELEFON   0 46 51–4 28 31
TELEFAX   0 46 51–4 62 06

Der Kliffkieker in Wenningstedt beeindruckt durch seine Lage unmittelbar an der steil abfallenden Kliffkante und der atemberaubenden Aussicht auf den kilometerlangen Strand und das weite tiefblaue Meer. Auf der Terrasse riecht man die See, hört das Wellenrauschen und schmeckt das Salz in der Luft. Esther Meyer, die herzliche und unvergleichbare Wirtin, lebt mit dem Kliff, auch wenn das in der Vergangenheit nicht leicht war und auch in Zukunft mit großen Schwierigkeiten verbunden sein wird. Hier ist Sylt am verletzlichsten. Hier holt sich die Nordsee mit jeder Sturmflut ihren Anteil an der Insel. Es ist sogar schon vorgekommen, dass die Gäste das Lokal verlassen mussten, da ein Absturz des Gebäudes drohte. Kein anderes Haus auf Sylt steht so nah an der Kliffkante. Als Esther Meyers Ehemann 1983 erwartungsfroh in die erste Saison startete, überraschte ihn nur drei Monate später eine Sturmflut und riss ihm quasi den Boden unter den Füßen weg. Kurzerhand wurde das Haus vorne abgesägt und das fehlende Stück hinten wieder angebaut. Seit dem Tod ihres Mannes führt Esther Meyer den Betrieb allein. Die couragierte Hessin mischt sich, gemeinsam mit ihrem zweiten Mann Herbert Marquardt, gern unters Publikum. Das Ambiente ist urgemütlich, originell und urig, an den Wänden erzählen Fotos von der Bedrohung durch die Nordsee, aber auch von fröhlichen Abenden und gelungenen Festen. Das engagierte Gastronomenpaar strahlt eine spontane Herzlichkeit aus, ist stets um das Wohlergehen der Gäste bemüht. Schon die Kinder werden bevorzugt behandelt. Sie essen zuerst und können dann auf dem Spielplatz herumtoben, während die Eltern in Ruhe ihr Essen genießen. Zu den beliebtesten Gerichten gehören Scholle und Muscheln. Matjes und maritime Pfannengerichte werden in vielen kreativen Variationen angeboten. Gekocht wird mit Waren aus der Region, wenn möglich von Bioland-Betrieben. Außerdem baut Esther Meyer selbst Gemüse und Salat an. Schließlich soll's auch im Urlaub schmecken wie zu Hause. Nachmittags gibt es leckeren Kuchen und hausgemachte Waffeln, und ab 22 Uhr kann das Tanzbein geschwungen werden – überschüssige Kalorien sind da schnell wieder verschwunden.

Der Labskaus ist eine norddeutsche Spezialität – ein echtes Seemannsgericht. Das

Rezept gehört allerdings zu den meistgehüteten Geheimnissen der Gastronomie zwischen den Meeren. Wie schön, dass Küchenchef Andreas Kälberer das Geheimnis des Kliffkieker-Labskauses für den Leser der Kulinarischen Entdeckungsreise lüftet ...

Labskaus

Zutaten

750 g gepökeltes Rindfleisch
750-1000 g Kartoffeln
500 g Rote Beete
5 Zwiebeln
Pfeffer
je ¹/₂ l Essig + Wasser
1 ¹/₂ TL Meerrettich, fein gewürfelt
Salz, Zucker
5 Gewürzgurken
8 Matjesfilets
2 Äpfel
4 Eier

Zubereitung:

Pökelfleisch 1,5 Std. kochen, Rote Beete in der gleichen Zeit in kochendem Salzwasser garen. Kartoffeln 20 Minuten kochen. Fleisch, Kartoffeln und 3 Zwiebeln durch den Fleischwolf drehen. Alles gut vermengen, pfeffern, mit Pökelbrühe geschmeidig rühren. Labskaus bis zum nächsten Tag kühl stellen. Dressing aus Essig, Wasser, einer gewürfelten Zwiebel und Meerrettich anrühren, mit Salz und Zucker abschmecken und über die lauwarme, in Scheiben geschnittene Rote Beete geben. Am folgenden Tag eine gewürfelte Gewürzgurke ins Labskaus rühren und das Ganze erhitzen. Matjesfilets mit Apfel- und Zwiebelscheiben belegt aufrollen, mit Stäbchen feststecken. Labskaus mit Roter Beete, Gurken, Matjes und Spiegelei garniert servieren.

Tipp:

Labskaus schmeckt aufgewärmt noch besser!

MIRAMAR

atemberaubenden Meerblick verfügen. Doch trotz aufwändig gestaltetem Wellness-Bereich mit Badelandschaft, Dampfgrotte, Fitness-Raum und Sauna, einer zeitgemäßen internationalen Küche, die mit kulinarischen Einflüssen aus der ganzen Welt operiert, dem allgegenwärtigen Luxus eines modernen Hotels - hier weht noch immer ein zarter Hauch vergangener Jahrzehnte. Dies schätzt eine große Zahl von Stammgästen, unter denen sich seit jeher große Namen finden. Schon Gustav Stresemann, Gerhart Hauptmann und Hans Albers konnten im Miramar, das einst von dem Berliner Unternehmer Otto Busse in bester Dünenlage erbaut wurde, am besten entspannen. Vor der Tür beginnt das quirlige Leben des größten Ortes der Insel, im Innern herrscht ruhige Gelassenheit, die für eine gelungene Erholung garantiert.

Die bewährt gute Küche des Hauses tut das ihre für das Wohlbefinden der Gäste. Man speist im eleganten Restaurant, das von den

Majestätisch thront das traditionsreiche Hotel Miramar über dem kilometerlangen Strand von Westerland. Seine exponierte Lage, direkt an der schönen Promenade, spiegelt eindrucksvoll die Stellung des familiengeführten Hauses mit dem Flair eines mondänen Grand Hotels wider. Im Jahr 2003 feiert das geschichtsträchtige Feriendomizil, das von Nicolas und Christiana Kreis bereits in vierter Generation geleitet wird, seinen 100-jährigen Geburtstag. Und noch immer verwöhnt und umsorgt das Hotel auf höchstem Niveau seine Gäste. Unaufdringliche Eleganz beherrscht das Hotel und die stilvoll gestalteten Zimmer, die fast alle über einen

HOTEL MIRAMAR

FAMILIE KREIS
FRIEDRICHSTRASSE 43
25980 WESTERLAND
TELEFON   0 46 51 – 85 50
TELEFAX   0 46 51 – 85 52 22
E-MAIL MIRAMAR-SYLT@T-ONLINE.DE
WWW.HOTEL-MIRAMAR.DE

paccio, Silber- barsch unterm Lauchgras oder Tilapiafilet mit Szechuan-Pfeffer und Fasanen- brüstchen im Schinkenhemd – beim Studieren der Speisekarte geht man auf

Farben Rot und Weiß dominiert wird und einen grandiosen Blick auf das Meer freigibt. Das Tagesmenü ist die erlesene Quintessenz der Köstlichkeiten des Hauses. Die umfangreiche Karte bietet eine reichhaltige Auswahl regionaler bis internationaler Spezialitäten. Küchenchef Horst Warnke lässt sich von den Küchen dieser Welt inspirieren. Potpourri von Krustentieren, Thunfischtatar, Parmaschinken auf Orangencar-

eine lukullische Weltreise. Bemerkenswert ist die in dieser Bandbreite und Kreativität nur äußerst selten anzutreffende Auswahl an vegetarischen Speisen.

Darüber hinaus gibt es Tageskarten, die das Angebot der Saison wie Erdbeeren, Spargel oder Wild variantenreich präsentieren. Die Jugendstilbar des Hotels verspricht nach den kulinarischen Genüssen noch einen würdigen Abschluss des Tages.

SESAM-CANNELONI AN BANANEN-ERDBEERMUS MIT PFIRSICHSAUCE

Zutaten:

Bananenmus:

15 g Zucker, 3 Eigelb, 100 g Bananen, 1 TL Zitronensaft, 3 Bl. Gelatine, 100 g Crème fraîche

Erdbeermus:

50 g Zucker, 3 Eigelb, ½ Vanilleschote 250 g Erdbeermark, 4 cl Erdbeerlikör 4 Bl. Gelatine, ¼ l Sahne

Canneloni:

50 ml Orangensaft, 100 g Puderzucker, 3 EL Mehl, gesiebt, 60 g Butter, flüssig, 60 g Sesam, Limonen- und Orangenzesten, Schlagsahne

Pfirsichsauce:

2-3 frische Pfirsiche, gekocht + püriert

Zubereitung:

Für das Bananenmus Zucker und Eigelb im Wasserbad schaumig schlagen. Pürierte Banane und Zitronensaft unterrühren. Aufgelöste Gelatine dazugeben. Alles durch ein Sieb passieren. Auf Eis kalt rühren, Crème fraîche unterheben.

Das Erdbeermus genauso zubereiten, nun aber Vanille, Erdbeermark, Likör und am Ende geschlagene Sahne zugeben.

Orangensaft mit Zucker, Zesten und Butter aufkochen. Mehl einrühren, Sesam untersieben. Auf ein Blech mit Backpapier dünne, mittelgroße Kreise streichen, bei 200 °C ausbacken. Über einem Holzstiel einrollen und abkühlen lassen. Dann mit Sahne befüllen.

Das Ganze gemeinsam mit der Pfirsichsauce anrichten.

SCHNECKENHAUS

hauses in heimeliger Atmosphäre wohl fühlen, zum anderen machen Köstlichkeiten rund um die Schnecke wie Schneckensuppe, Weinbergschnecken in Kräuterbutter und nach Art des Hauses oder ein mit Schneckenragout gefülltes Rumpsteak einen Teil der Speisekarte aus. Lioba Dangelmaier, die 1997 das Restaurant übernahm, brachte mit warmen Tönen, bunten, fröhlichen Bildern und hochwertigen Kunstdrucken eine lebendige, zeitgemäße Note ins Schneckenhaus. Das Restaurant ist romantischer Treffpunkt Jungverliebter, stilvoller Ort für Geburtstage und Jubiläen. So manch ein Stammgast sitzt bei jedem Besuch am gleichen Tisch. Gern setzt sich die charmante Chefin auch mal auf einen Plausch zu ihren Gästen. Sie versteht es, auf Stimmungen zu achten und sich auf jeden Besucher individuell einzustellen. Niemand wird nach dem Essen gleich nach der Rechnung gefragt, man darf verweilen und die Atmosphäre genießen. Das Schneckenhaus hat sich – neben Schnecken natürlich - auf Steaks, Lamm und Scampi spezialisiert. Die frische feine Auswahl wird täglich durch saisonal bestimmte Angebote ergänzt. Tafeln offerieren jeden Tag zwei Hauptgerichte oder einen Menüvorschlag – und außerdem noch ein Dessert, denn das Schneckenhaus ist berühmt für seine aufwändigen und kunstvoll

SCHNECKENHAUS
DAS GEMÜTLICHE RESTAURANT

NORDERSTRASSE 6
25980 WESTERLAND
TELEFON   0 46 51 – 2 32 75
TELEFAX   0 46 51 – 96 73 68
WWW.SCHNECKENHAUS-SYLT.DE

RUHETAG: DIENSTAG

Schneckenhaus – das klingt gemütlich und das klingt nach guter Küche – und eine gelungene Mischung aus beidem bietet Lioba Dangelmaier ihren Gästen. Die drei farblich unterschiedlich gestalteten Räume in Rot, Gelb und Blau verbinden legere Gemütlichkeit mit anspruchsvollem Dinieren. Zum einen kann man sich hier wie im Innern eines Schnecken-

flambierten Scampi, Lammfilet in Kräutersauce und Pfefferfiletsteak in Cognac-Rahm auf. Dazu passen die Weine des badischen Weingutes Hügle, dessen Weine auf Sylt exklusiv nur im Schneckenhaus zu bekommen sind. Daneben gibt es edle Tropfen aus allen namhaften internationalen Anbaugebieten.

Lioba Dangelmaier liebt ihren Beruf, und das merkt man jedem ihrer Handgriffe an. Zahlreiche Gastgeschenke und Grußkarten, die aus allen Ecken Deutschlands eintreffen, beweisen, wie sehr die Gäste ihr Engagement zu würdigen wissen. Das Restaurant lebt von ihrer offenen und ehrlichen Art, die sie den Gästen neben einem perfekt abgestimmten Service entgegenbringt. Diese persönliche Note macht das Schneckenhaus auch über seine bewährt gute Küche hinaus jederzeit zu einer empfehlenswerten Adresse.

dekorierten Nachspeisen. Die französisch inspirierte Küche wartet zum Beispiel mit

KEITUMER ZIEGENFRISCHKÄSE IM WALNUSSMANTEL AUF SPARGEL-ERDBEER-MOSAIK

Zutaten:

8 Stangen weißer Spargel
6 Stangen grüner Spargel
250 g Erdbeeren
500 g Keitumer Ziegenfrischkäse
(natur)
1 Beutel Walnüsse, gehackt
Himbeeressig
Öl
Salz, Pfeffer, Zucker
50 g Butter
4 Kapuzinerblüten
4 Sesam-Crissini
frischer grüner Pfeffer

Zubereitung:

Für die Vinaigrette Walnüsse, Salz, Pfeffer und Essig verrühren und Öl tropfenweise hinzugeben. 2 l Salzwasser aufsetzen, Zucker und Butter hineingeben, Spargel 5 Minuten kochen, dann 10 Minuten gar ziehen lassen, anschließend mit kaltem Wasser abschrecken. Erdbeeren und Spargel in feine Scheiben schneiden und als Mosaik auf dem Teller anrichten. Ziegenkäse in einer Folie zu einer 5-6 cm dicken Rolle formen und in vier gleiche Teile schneiden. Die Käseröllchen dann mit gehackten Walnüssen ummanteln, auf der Mitte des Mosaiks anrichten und die Vinaigrette darübergeben. Mit Kapuzinerblüten, grünem Pfeffer und Crissini garnieren.

KIEK IN

RESTAURANT KIEK IN

JOHANN-MÖLLER-STRASSE 2A
25980 WESTERLAND
TELEFON 0 46 51 – 52 32
TELEFAX 0 46 51 – 22015
E-MAIL POST@KIEKIN-SYLT.DE
WWW.KIEKIN-SYLT.DE

RUHETAG:
DIENSTAG (AUSSER JULI/AUGUST)

Kiek in – schau herein –, so freundlich begrüßen die großen kupferfarbenen Lettern über der hübschen Friesentür den Gast beim Betreten des Restaurants von Peter Schmidt. Das wunderschöne Reetdachhaus wurde zu Beginn des 18. Jahrhunderts – als die Nordseeinsel noch unentdeckt vom Tourismus ein stilles, beschauliches Leben führte –, erbaut, und zwar als Bauernhaus, das Viehstall, Heuboden und Wohnräume unter seinem Dach vereinte. 1959 erwarb Harry Schmidt das Anwesen vor den Toren Westerlands, sechs Jahre später wechselte es in die Hand von Sohn Peter und seiner Ehefrau Ingrid, die im Jahr darauf das Restaurant „Kiek in" eröffneten. Seit 1995 sind Peter Schmidt, jun. und Ehefrau Christina stolze Besitzer des prachtvollen Reetdachhauses, das bereits mehrfach mit dem ersten Preis des Wettbewerbes „Schöner Gasthof in Nordfriesland" ausgezeichnet wurde. Vor dem Haus lockt der schöne Garten mit idyllischen Plätzen unter alten Ahornbäumen. Drinnen herrscht friesisch-elegante Gemütlichkeit. Delfter Kacheln verzieren die beiden Gasträume, die niedrigen Decken und Holzbalken erinnern an die historische Vergangenheit des ehemaligen Bauernhofes. Seine erstklassigen Referenzen erwarb Schmidt in der Sterne-Gastronomie Deutschlands – seine Lehrzeit absolvierte er hier auf Sylt im Landhaus Stricker – und der Schweiz, bis es den ambitionierten jungen Küchenchef zurück in den elterlichen Betrieb zog.

Hier setzt er nun auf eine regionale, leichte Küche, die durch einen raffinierten italienischen Einschlag variiert wird. Mittags bietet Peter Schmidt seinen Gästen leckere Hausmannskost, am Abend wartet er dann mit hoher Küchenkunst auf. Krustentierschaumsüppchen mit Crevetten, Dorschbäckchen auf Limonen-Basilikumsauce, Filetsteak vom Sylter Galloway mit Rotweinzwiebeln und zum Abschluss Keitumer Quarkmousse mit warmen Zimtpflaumen – das Angebot

der Region, vermischt mit den Vorgaben der Saison und dem mediterranen Tüpfelchen auf dem i machen Lust auf mehr. Mittags und Abends bietet Schmidt ein täglich wechselndes Sylt-Menü mit 3 erlesenen Gängen an. Das vegetarische Gericht des Tages, z. B. Ricotta-Spinatravioli in Steinpilz-Sahnesauce, ist eine gelungene Alternative zu Fisch- und Fleischgerichten. Passend dazu offeriert die Weinkarte über 80 deutsche und internationale Positionen. Peter Schmidt und seine Ehefrau verbreiten eine herzliche und ungezwungene Atmosphäre, so dass man schon beim Verlassen des Restaurants sicher ist: Ins Kiek in wird man bestimmt wieder reinschauen ...

SOUFFLIERTER GLATTBUTT IM NUDELTEIG AN KRUSTENTIERSAUCE

Zutaten
4 Scheiben Glattbutt à 110 g

Nudelteig:
50 g Spinat, blanchiert, fein gehackt
2 Eier
210 g Mehl
1 TL Olivenöl
1 Pr. Salz

Farce:
100 g Lachsfilet, fein gewürfelt
100 ml Sahne
2 cl Noilly Prat
Salz, Zitronensaft
Alles gut mischen.

Sauce:
300 g Krustentierkarkassen
100 g Röstgemüse
1 EL Tomatenmark
je 2 EL Weißwein + Cognac
1 Knoblauchzehe, gehackt
200 g Fischfond
200 g Crème fraîche
Estragon, Salz, Pfeffer, Paprika

Zubereitung
Teig-Zutaten vermischen, gut durchkneten, 1/2 Tag kühl ruhen lassen. Karkassen bei ger. Hitze goldgelb anrösten. Gemüse, Tomatenmark zugeben und mitrösten. Mit Wasser auffüllen, übrige Zutaten zufügen, bei schwacher Hitze 1/2 Std. köcheln lassen. Passieren, Crème fraîche einrühren, mit dem Stabmixer aufschäumen. Nudelteig zu 4 gleichen Rechtecken ausrollen, mit Farce bestreichen. Glattbutt auflegen, Ecken zuklappen, Teigrand zusammendrücken. In eingefettetem Siebeinsatz über Salzwasser ca. 7 Min. dämpfen. Mit der Krustentiersauce nappieren. Dazu passt ein Selleriepüree.

FISCH-HÜS

RESTAURANT FISCH-HÜS
ASCO GASTRONOMIEBETRIEBE
GMBH

STRANDSTRASSE 10
25980 WESTERLAND
TELEFON 0 46 51 – 2 24 23
TELEFAX 0 46 51 – 56 19

Das im Herzen Westerlands gelegene Fisch-Hüs ist seit vielen Jahren *die* Adresse für Liebhaber von Fisch und Meerestieren. Die exponierte Lage in der Strandstraße, einer Fußgängerzone mit lebhaftem Flaniercharakter unweit der Friedrichstraße, ist natürlich ein Vorteil. Doch Alexander Scotti, seit Mai 2000 Besitzer des Fisch-Hüs, braucht diesen Bonus nicht. Die meisten Besucher sind nämlich Stammgäste, kommen seit Jahren regelmäßig und verbringen nicht selten jeden Abend ihres Urlaubs in dem gemütlichen Restaurant, das durch ein gutes Preis-Leistungs-Verhältnis besticht. Küchenmeister Olaf Domröse kreiert aus Fisch, was der verwöhnte Gaumen sich nur wünschen kann. Täglich gesellen sich ein Fisch-Menü und ein saisonal bestimmtes

Tagesangebot zur Speisekarte. Seit fast 30 Jahren gibt es hier Edles aus dem Meer,

STEINBEISSERSCHNITZEL IN DER
BRÖSEL-KRUSTE MIT ROQUEFORT
GEFÜLLT AUF RETTICH-GEMÜSE-
SAUCE AN GRATINIERTEM RAHM-
PÜREE

Zutaten:

1 Steinbeißerfilet von etwa 600-700 g
80 g Roquefort
100 g Semmelbrösel
50 g Mehl
2 Eier
Pflanzenfett oder Butterschmalz

Sauce:

je 200 ml Sahne und Fleischbrühe
400 g Rettich, in Stifte geschnitten
je 50 g Butter und Mehl
frische Gartenkräuter
Salz, Pfeffer

Kartoffelpüree:

600 g Kartoffeln, geschält
2 Eigelb
je 50 g Butter und Sahne
Muskat, Salz

Zubereitung:

Kartoffeln in Salzwasser gar kochen,
abgießen, durch die Kartoffelpresse
drücken. Masse mit Eigelb, Butter und
Sahne vermischen, mit Muskat und
Salz würzen. In gebutterte Förmchen
füllen und unter dem Grill goldgelb
gratinieren. Vor dem Anrichten auf
Teller stürzen.

und zwar gebraten, gedünstet und gegrillt,
wobei nach alter Tradition vorwiegend heimische Fischsorten verarbeitet werden. Zu
den beliebtesten Gerichten zählen die Aal-
suppe und Aal in Gelee, eine Bouillabaisse
von Nordseefischen sowie verschiedene
Variationen von der Scholle. Das Preisni-
veau wurde bewusst breit gefächert, um
den Gast selbst entscheiden zu lassen, wie
viel er auszugeben bereit ist. Das regelmäßig wechselnde Angebot bietet auch dem
häufig einkehrenden Gast eine reichhaltige
Abwechslung. Und für jene, die keine Lust
auf Fisch verspüren, finden sich Aufläufe,
Salate oder kurzgebratene Fleischgerichte
auf der Karte.

Im Winter 2001 wurde das gesamte Restaurant, welches bis zu 190 Personen Platz bietet, von Grund auf renoviert. Nun erstrahlt
es in neuem Glanz, helle Cremetöne und
Kristallleuchter verleihen einen Hauch von
Eleganz, so dass der Gast sich auch weiter-
hin rundum wohl fühlt. Der gelernte Koch
und heutige Geschäftsführer Alexander
Scotti war dem Haus bereits seit über zehn
Jahren als Restaurantleiter verbunden,
bevor sich die Gelegenheit bot, das Fisch-
Hüs zu übernehmen. Zuvor konnte er in der
gehobenen Gastronomie des Landes Erfahrungen sammeln, lebte und arbeitete einige
Zeit auf Ibiza und kam schließlich 1978
nach Sylt. Heute überlässt er die Regie am
Herd seinem Küchenchef Olaf Domröse und
kümmert sich herzlich und charmant um
die vielen langjährigen Gäste des Hauses,
was ihm sehr am Herzen liegt.

Fischfilet in vier gleiche Stücke teilen,
in jedes eine Tasche schneiden, mit
Roquefort füllen, in Mehl, Ei, Brösel
wälzen. Bei schwacher Hitze in Pflan-
zenfett/Butterschmalz goldgelb braten. Herausnehmen und abtupfen.
Rettichstifte in Butter anschwitzen,
salzen, pfeffern, herausnehmen und
warm stellen. Fleischbrühe mit Sahne
einkochen, mit Mehlbutter binden,
evt. nachwürzen und Rettich hineingeben. Alles gemeinsam anrichten.

LANDHAUS STRICKER

Das große Wellness-Areal mit einer kreativ gestalteten Sauna- und Poollandschaft, Massage und Kosmetikbehandlungen ermöglicht erholsame Urlaubstage.

Das kulinarische Angebot des Hauses steht diesem Luxus in nichts nach. Mit viel Know-how und innovativem Engagement haben Kerstin und Holger Bodendorf das Landhaus wieder zu einer führenden kulinarischen Adresse Sylts gemacht. Gleich zwei gastronomische Konzepte hält das ideenreiche und hochprofessionelle Gastronomenpaar, das seit März 2001 als Gastgeber in Tinnum residiert, für ihre anspruchsvolle Klientel bereit.

Die historische Tenne erstrahlt in satten Rottönen und verbreitet mit warmem Holz und liebevoll dekorierten Accessoires pure Gemütlichkeit. Hier verwöhnt Holger Bodendorf seine Gäste mit feiner Regionalküche. Ebenso im Kaminzimmer mit den hellen Holzbalken, wo die Gäste in legerer Atmosphäre rund um den offenen Kamin speisen.

Die Krone des Gastronomie-Ensembles ist das Restaurant Bodendorf's, in dem der Hausherr mit seiner „cuisine méditerranée" an die Erfolge seiner bisherigen beeindruckenden Laufbahn in einigen der renommiertesten Gourmet-Adressen Deutschlands

Das elegante Landhaus Stricker gehört zu den wenigen Häusern in Schleswig-Holstein, die mit 5 exquisiten Sternen für hohen Komfort und ein außergewöhnliches Ambiente ausgezeichnet wurden. Das zweiflügelige prachtvolle Friesenhaus von 1784 erfüllt selbst anspruchvollste Wünsche. Eingebettet in eine prächtige Parklandschaft liegt der neu erbaute Hoteltrakt mit 38 exklusiven Zimmern und Suiten, die ob einer perfekt durchdachten Innenarchitektur stilvolles Wohnen inmitten legerer Wohlfühl-Atmosphäre auf höchstem Niveau zulassen.

HOTEL & RESTAURANT LANDHAUS STRICKER

BOY-NIELSEN-STRASSE 10
25980 TINNUM
TELEFON   0 46 51 – 8 89 90
TELEFAX   0 46 51 – 8 89 94 99
E-MAIL INFO@LANDHAUS-STRICKER.DE
WWW.LANDHAUS-STRICKER.DE

und der Schweiz anknüpfte. Er entwickelte einen ihm eigenen innovativen Kochstil, den er zuletzt im Restaurant Veneto auf Sylt erfolgreich umsetzte und ihm im Jahr 2000 einen der begehrten Michelin-Sterne für seine Leistungen am Herd bescherte. Auch das Gaumenvergnügen im Bodendorf's, das allabendlich drei fantasievolle Menüs kredenzt, hat bereits hohe Bewertungen in allen relevanten Guides erreichen können. Man speist in südlichem Flair bei Kerzen-

schein und formvollendeter Tischdekoration Köstlichkeiten wie Lasagne von Seezunge und dicken Bohnen mit Trüffelschaum und Tintenfisch-Vinaigrette oder Jakobsmuscheln auf gratinierten Maccaroni mit Erbsencreme, gehobeltem Parmesan und altem Balsamico. Desserts wie Schokoladen-Canache mit Mango-Chutney, Crème fraîche und Cocossorbet bieten auch optisch den vollendeten Abschluss eines kulinarischen Erlebnisses der Extraklasse.

WACHTELKOTELETTE MIT PÜREE VON GESCHMORTEN ZWIEBELN UND ESPRESSOSABAYON

Zutaten:

4 Wachteln

40 g Gänsestopfleber, in 8 Würfel zerteilt

50 g Schweinenetz

20 g Trüffel

je 40 ml Espresso und Rinderbrühe

1 Ei

80 g warme Butter

40 g geschlagene Sahne

400 g Zwiebeln, in Scheiben

2 cl Olivenöl

$^1/_2$ Knoblauchzehe

je 1 Thymian- und Rosmarinzweig

150 ml Sahne

Salz, Pfeffer

Zubereitung:

Zwiebeln und Knoblauch in Olivenöl hellbraun anbraten. Thymian und Rosmarin zugeben, Sahne angießen. Ca. 10 Min. köcheln lassen. Kräuter herausnehmen, Masse pürieren und passieren. Mit Salz, Pfeffer abschmecken.

Wachtelkeulen auslösen, Oberschenkelknochen entfernen, Brust auslösen und gesamte Haut entfernen. Gänseleber auf die Innenseite der Keule platzieren, die Brust, belegt mit 2 Trüffelscheiben, auflegen. Das Ganze fest in Schweinenetz einwickeln, würzen, von beiden Seiten hellbraun anbraten, dann für etwa 4 Min. bei 180°C im Ofen garen. Espresso mit Brühe auf 20 ml reduzieren. Ei hinzugeben und über dem Wasserbad aufschlagen. Butter unterschlagen, mit Salz und Pfeffer würzen. Vor dem Servieren Schlagsahne unterziehen.

SCHAPER'S

die besonders idyllische Seite Sylts. Der 1991 erbaute Watthof reiht sich mit seinen beiden wunderschönen Friesenhäusern harmonisch ins malerische Bild des Dorfes ein, das fast ausschließlich von Reetdächern dominiert wird. Alle großzügigen und mit hellen Farben in südlichem Flair gestalteten Zimmer und Suiten sind mit einem weiten und eindrucksvollen Blick auf das nahe Watt gesegnet, der bei gutem Wetter bis nach Föhr und Amrum reicht.

Nur wenige Meter vor der Haustür beginnt bereits die wunderschöne mystisch-sanfte Landschaft des Wattenmeers. Fasane schreiten majestätisch umher und begrüßen die Watthof-Gäste schon beim Frühstück. All das verleiht dem Haus mit der ebenso exponierten wie ruhigen Lage ein fast märchenhaftes Gepräge.

Das kulinarische Angebot des Hotels beginnt beim „friesischsten aller Frühstücke", das mit leckerem Krabbenbrot und hausgemachten Salaten den Gaumen verwöhnt. Bei trübem Wetter empfiehlt sich ein Abstecher in das schöne Schwimmbad oder in die Sauna des Hauses. Nachmittags gibt es frischen Kuchen zum Kaffee, und am Abend stellt Küchenchef Elmar Otto dann seine exzellenten Fertigkeiten am Herd unter Beweis. Die Produkte der Region bilden eine hochwertige Basis, die mit mediterranen Zutaten variantenreich ergänzt wird. Seine kulinari-

RESTAURANT SCHAPER'S IM HOTEL WATTHOF

ALTE DORFSTRASSE 40
25980 RANTUM
TELEFON   0 46 51-80 20
TELEFAX   0 46 51-8 02 22
E-MAIL WATTHOF.RANTUM@T-ONLINE.DE
WWW.WATTHOF.DE

RUHETAG: DIENSTAG

Das Friesendorf Rantum, das an Sylts schmalster Stelle von beeindruckend hohen Dünen umgeben ist, übt einen ganz besonderen Reiz aus. Zwischen der stillen und anmutigen Wattlandschaft und der offenen Meerseite, die mal wild, mal freundlich dem Strandläufer begegnet, herrscht dörfliche Ruhe, zeigt sich

mit Champagnerrahmkraut und roter Vermouthsauce auf den Tisch, das Lammkarree trifft auf Schnippelbohnen und Balsamicojus. Gespeist wird im maritim gestalteten Schaper's, dessen 30 Plätze nur einmal pro Abend vergeben werden, denn die Gäste verweilen gerne noch ein wenig beim Wein und genießen den unvergleichlichen Ausblick aufs Watt. Die erlesene Weinauswahl wird von italienischen Spitzenweinen aus namhaften Anbaugebieten dominiert. Erklärtes Ziel ist es, Weine anzubieten, die exklusiv für Sylt nur im Schaper's zu bekommen sind und auch andernorts eher selten angeboten werden.

Uwe Buddemeyer und Ulrike Terjung führen das Haus souverän und unverkrampft. Trotz Komfort auf hohem Niveau ist die Atmosphäre im Haus leger, familiär und gemütlich. Die wachsende Zahl an Stammgästen zeigt, dass dieses Konzept Erfolg gebracht hat.

schen Kompositionen heben den klaren Geschmack der frischen und erstklassigen Zutaten hervor, sie betonen, verwischen aber nicht. Das St.-Pierre-Filet kommt hier

FRIESISCHER BROTPUDDING MIT EINGELEGTEN BACKPFLAUMEN

Zutaten

60 g weiche Butter
30 g Puderzucker
2 Eigelb
1 EL Rum
Zitronenschale
50 g Friesenbrot, gemahlen
25 g Mandeln, gemahlen
4 Eiweiß, steif geschlagen
750 ml Rotwein
2 Zimtstangen
1 Vanilleschote
Orangen- und Zitronenschale
250 g Backpflaumen

Zubereitung

Butter mit Puderzucker schaumig schlagen, Eigelb, Rum und Zitronenschale dazugeben und verrühren. Dann Friesenbrot und Mandeln sowie den Eischnee unterheben. In gebutterte Kaffeetassen füllen und im Wasserbad bei 150°C etwa 20 Minuten in den Ofen geben.

Rotwein mit Vanilleschote, Zimtstangen, Orangen- und Zitronenschale etwa 15 Minuten kochen lassen, passieren und über die Backpflaumen gießen. Über Nacht ziehen lassen. Brotpudding stürzen und gemeinsam mit den marinierten Backpflaumen und Vanilleeis servieren.

Die Halligwelt Nordfrieslands mit den zehn Halligen Langeneß, Oland, Gröde, Habel, Hooge, Norderoog, Hamburger Hallig, Nordstrandischmoor, Süderoog und Südfall ist eine weltweit einzigartige und faszinierende Naturlandschaft. Das Leben wird von den Jahreszeiten sowie von Ebbe und Flut bestimmt. Ackerbau, Viehzucht und Tourismus bilden die Erwerbszweige. Erst seit Mitte der 50er Jahre gibt es Strom, seit den 60er Jahren Trinkwasser.

Alle bewohnten Halligen verfügen über eine Kirche, eine „Zwergschule", die bereits bei einem Schüler ihre Pforten öffnet, und eine bestimmte Anzahl an Warften. Auf diesen künstlich angelegten Hügeln drängeln sich die Häuser, und wenn es „Land unter" heißt, dann beginnt die Nordsee gleich im Vorgarten. Doch die Menschen leben auf vertrautem Fuß mit dem „blanken Hans". Alle neueren Wohngebäude haben einen Schutzraum aus Stahlbeton im Obergeschoss, der noch vier Meter über der Höchstgrenze der schwersten Sturmflut liegt und fest in der Warft verankert ist. Die Verbindung zum Festland besteht durch Fähren (die im Winterhalbjahr nur eingeschränkt verkehren) und Dämme, auf denen Loren Post, Waren und Menschen befördern. Doch gerade diese Abgeschiedenheit macht den Reiz dieser Landschaft aus.

Im Frühling landen Tausende von Wildgänsen auf ihrem Weg gen Norden auf den saftigen Salzwiesen, dann ist die Luft erfüllt von Geschrei, Flügelschlagen und lautem Schnattern - ein beeindruckendes Schauspiel. Doch sonst liegt eine unbeschreibliche Stille über den einsamen kleinen Eilanden. Im 19. Jahrhundert hatte man die

Halligen Nordmarsch, Langeneß und Butwehl mit einem Damm verbunden und so wuchsen die drei Halligen allmählich zu der heute größten Hallig Langeneß zusammen. Sehenswert ist die Ketelswarft ob ihrer hübschen reetgedeckten Friesenhäuser und dem Kapitän-Tadsen-Museum, das – wie auch die Friesenstube auf der Honkenswarft - die Besucher über die Wohn- und Alltagsbedingungen der Halligbewohner früherer Zeiten aufklärt. Auch die kleine Kirche

(Kirchwarft) mit ihrer bemalten Balkendecke und dem Taufbecken aus Muschelkalk ist einen Abstecher wert. Die Peterswarft wird im Sommer mit einem lilafarbenen Halligflieder-Teppich überzogen.

Hooge, die zweitgrößte Hallig, verfügt als einzige über einen Deich, der die Hallig vor allzu häufigem „Land unter" bewahrt. Die Hanswarft bildet das Zentrum. Unter den 15 dicht beieinander liegenden Häusern finden sich Cafés, Restaurants, Sturmflutkino und Supermarkt, Naturschutzzentrum und Heimatmuseum sowie der Königspesel. In diesem prachtvollen Reetdachhaus des

Kapitäns Tade Hans Bandix nächtigte einst der Dänenkönig Friedrich VI. und verlieh dem Haus damit seinen royalen Namen. Doch auch ohne diese hohe Ehre ist das Haus besonders sehenswert wegen seiner wertvollen, wunderschönen blauweißen Kacheln an allen Wänden und der farbenfroh bemalten Decke.

Die Kirchwarft umfasst Kirche, Glockenturm, Pastorat und Friedhof. Im Inneren der Kirche fällt vor allem das Kruzifix aus dem frühen 16. Jahrhundert auf, das 1825 nach einer Sturmnacht an den Strand gespült worden war. Die Tür der Renais-

sance-Kanzel, die einen Wal mit seinem Jungen zeigt, soll von einem Grönlandfahrer auf hoher See geschnitzt worden sein.

Oland verfügt über eine Warft, eine Kirche sowie etwa 20 Häuser, darunter ein Gasthaus, stets wichtigster Treffpunkt der Halligbewohner. Gröde mit seinen zwei Warften und knapp 20 Einwohnern bildet Deutschlands kleinste eigenständige Gemeinde und ist im Juli ein einziges lila Farbenmeer wegen seines Strandflieders. Die Hamburger Hallig ist eigentlich eine Halbinsel. Ein Damm, zu dessen Seiten das

Wattenmeer verlandete, bewirkte, dass die Hallig mit der Küste verwuchs. Heute wird das Naturschutzgebiet im Frühling und im Herbst unzähligen Weißwangengänsen zur Heimat.

Nachdem Nordstrandischmoor dreimal seine Kirche in Sturmnächten verlor, gab man es schließlich im 19. Jahrhundert auf, eine weitere zu erbauen. Heute verteilen sich hier fünf Familien, Halligkrug, Post, Schule, Glockenturm und Friedhof auf vier Warften. Die Halligen Habel, Norderoog, Süderoog und Südfall stehen unter Naturschutz und dürfen nur mit kundigen Führern betreten

werden. Vogelwarte und engagierte Naturschützer bringen Vogelliebhabern die Welt der Wattvögel nah, denn hier haben unzählige, zum Teil sehr seltene Vögel eine geschützte Heimat gefunden.

Die Halligen sind einzigartige Kleinode einer weit gehend unverfälschten Natur und paradiesischer Stille. Sie sind das kostbarste Gut Nordfrieslands und bedürfen eines besonderen Schutzes und achtsamen Umgangs, damit sie ihre Faszination noch lange bewahren können.

DER HOFLADEN

und zerlegt die Tiere. Eingeschweißt kehren Fleisch und Wurstwaren dann zurück auf die Hallig.

Im Hofladen bietet sich eine leckere Auswahl an Schafskäse sowie Wurst- und Fleischspezialitäten von Rind und Lamm, Milchprodukte von den fünf Milchkühen des Hofes, Lammwollprodukte, Süßes und

Getränke – sämtliche Produkte sind von kontrollierter Bio-Qualität. Auch die Hausgäste – die Binges vermieten eine großzügige Ferienwohnung – kaufen hier für den täglichen Bedarf ein, ist doch sonst auf Hooge kein Frischfleisch zu bekommen. Für Gudrun und Hartwig Binge ist Direktvermarktung die beste Strategie. Der Bestand der Tiere bleibt gleich, der Absatz erfolgt ausschließlich an Privatkunden, die gern auch größere Mengen mit nach Hause nehmen, um auch in der heimischen Küche zartes Halligfleisch genießen zu können.

**DER HOF-LADEN
AUF DEM BINGEHOF**

MITTELTRITT 3
25859 HOOGE
TELEFON   0 48 49 – 2 08
TELEFAX   0 48 49 – 90 99 01
E-MAIL INFO@HALLIGHOF.DE
WWW.HALLIGHOF.DE

Inmitten der idyllischen Halligwelt bietet der Hof-Laden von Familie Binge Urlaubern wie Tagesgästen Lamm- und Rindfleischprodukte von bester Qualität. Die Tiere verbringen ihr ganzes Leben auf der Hallig, werden hier geboren und aufgezogen. Ohne störende Einflüsse, weit entfernt von Massentierhaltung und Umweltstress liefern sie eine erstklassige, mit dem Gütesiegel der Region versehene Fleischqualität. Eine kleine Metzgerei auf dem Festland schlachtet

DIE T-STUBE

allem entfaltet, wenn die Ausflugsschiffe mit den Tagestouristen wieder fort sind, kann man Tote Tante, Pharisäer und Eiergrog sowie friesische Spezialitäten genießen. Vom köstlichen Kuchen über Friesentorte und Mehlbüddel bis zu den herzhaften Speisen ist alles hausgemacht. Die ehrliche, frische Küche bedient sich der Produkte der unmittelbaren Umgebung. Die Krabben für die Porrenpann kommen vom einzigen Krabbenkutter der Hallig, Fleisch liefern Hooger Bauern, Steinbutt oder Meeräsche entstammen dem Meer vor der Haustür. Die bewährt gute Qualität findet nicht nur im Reiseführer „Marco Polo" lobenswerte Erwähnung, sie zieht auch viele Stammgäste regelmäßig in die friedliche Welt der T-Stube auf Hooge.

CAFÉ, RESTAURANT & TEE-VERSAND DIE T-STUBE

HANSWARFT 6A
25859 HOOGE
TELEFON   0 48 49 – 2 89
TELEFAX   0 48 49 – 2 89
E-MAIL HOOGER.T-STUBE@T-ONLINE.DE

ÖFFNUNGSZEITEN:
1. APRIL – 31. OKTOBER
VON 10.30 – 24.00 UHR

Die urgemütliche T-Stube von Reinhold Gooßen und Lars Berendsen liegt im Herzen der Hanswarft. Die größte Warft der gesamten Halligwelt bildet mit dem berühmten Königspesel das Zentrum von Hooge. Das einstige Refugium des Hallig- und Landschaftsmalers Peter Lübbers, dessen Bilder noch heute hier zu bewundern sind, wurde vor zwei Jahrzehnten zum Restaurant und Café umgestaltet und liegt seit 1992 in den Händen der sympathischen Gastronomen. Inmitten einer unverfälsch-ten Idylle, die sich drinnen unter offenem Reetdachgebälk und draußen auf der schönen Terrasse vor

PELLWORM – GRÜNE INSEL IM BLAUEN MEER

Eigentlich war es eine verheerende Katastrophe, die zwei Inseln hervorbrachte, welche heute pures Urlaubsglück verheißen. In der großen Flut von 1634 wurde die einstige Insel Strand auseinandergerissen – Pellworm und Nordstrand entstanden. Noch heute fühlen sich die beiden Schwestern eng verbunden, die Anreise nach Pellworm erfolgt über Nordstrand. Eine knappe Dreiviertelstunde braucht die Autofähre von Strucklahnungshörn, dem kleinen Hafen im Westen Nordstrands, bis Tammensiel auf Pellworm, dann heißt die grüne, runde Insel ihre Besucher herzlich

willkommen. Ein 25 km langer Deich umfängt das 37 km² große Eiland, auf dem sich 13 Köge und 156 Warften malerisch verteilen.

Markante Punkte sind in der flachen Weite leicht auszumachen. Die Alte Kirche St. Salvator im Westen ist das Wahrzeichen der Insel. Sie diente jahrhundertelang den Seeleuten als wertvolle Markierung. Obwohl nur noch eine Ruine, beeindrucken die 26 Meter hohen Backsteinreste des einstigen Kirchturms noch immer. Bereits 1611 war der einst 60 Meter hohe Turm aus dem 11. Jahrhundert eingestürzt. Das Kirchenschiff birgt einige Schätze: die prachtvolle, 1711 von Arp Schnitger erbaute Orgel (Konzerte im Sommer), einen kunstvoll geschnitzten

Flügelaltar, das Bronzetaufbecken aus dem 15. sowie ein Kruzifix aus dem frühen 16. Jahrhundert.

In der Mitte der Insel liegt Pellworms zweites Gotteshaus: die Neue Kirche, erbaut im 16. Jahrhundert. Altar und Kanzel entstammen der Kirche zu Ilgroff, einem Kirchspiel der im Meer versunkenen Insel Strand! Ebenfalls bereits aus der Ferne gut sichtbar ist der 37 Meter hohe Leuchtturm, der in kleinen Gruppen besichtigt werden kann. In luftiger Höhe darf sogar geheiratet werden, denn nach 140 Stufen erreicht man Deutschlands höchstes Standesamt! Drittes sehenswertes Bauwerk ist die Nordermühle. Der schöne Zwickstellholländer mit umlaufender Galerie ist im Norden der

Insel zu finden. Das Inselmuseum (im 1.
Stock der Kurverwaltung) klärt den interes-
sierten Besucher über die landschaftliche
und kulturelle Entwicklung der Insel auf.
Im privaten Rungholtmuseum von Helmut
Bahnsen, benannt nach der sagenhaften
Insel, die ebenfalls bei der „Großen Mandränke" von 1362 versunken sein soll, kann
man Funde, die das Wattenmeer freigegeben
hat, bestaunen. Dieser sagenhaften Insel
sind auch die Rungholttage (über Himmel-
fahrt) gewidmet. Dann können all jene, die
von den Schätzen des untergegangenen
Eilandes, die angeblich noch immer im Watt
verborgen sind, träumen, Ausflüge zu der
Stelle unternehmen, an der die Reste des
Ortes vermutet werden – nämlich unweit

der Hallig Südfall. Pellworms Strand ist
grün. Die Wiesen sind es auch. Dem Auge
gefällt's, wie den unzähligen Schafen und
Kühen auch. Sie sind die unbestrittenen
Herrscher über Weiden und Deiche. Die
Insel wird hauptsächlich landwirtschaftlich
genutzt. Vor einigen Jahren hat sich der
Verein „Ökologisch wirtschaften e.V."
gegründet, um die Gaben der Natur sinn-
voll und schonend zu nutzen. Auf der
Insel wird z. B. eines der größten Solar-
kraftwerke Europas betrieben.
Der Dichter Detlev von Liliencron lebte
1882/83 für einige Monate auf dem Lilien-
cronhof und verfasste eine Ode an die
Insel: „Pellworm. Dahin will ich noch mal.
Grenzenlose Einsamkeit! Mitten im Meer."

Das trifft die Atmosphäre der kleinen Insel auf den Punkt. Hat man
diese Stille, dieser Ausgeglichenheit
von Mensch, Natur und Tier erlebt,
sehnt man sich in der Hektik des
Alltags danach zurück. Wer auf
Pellworm Urlaub macht, braucht
weder Luxus noch Gourmet-Tempel
oder 5-Sterne-Herbergen. Hier kann
man gemütlich wohnen, köstlich
friesisch essen, beste, pure Produkte
der Insel genießen – und im Ein-
klang mit der Natur seine Seele
baumeln lassen.

ÜTERMARKERHOF

laufen umher, Lämmer blöken und Schafe schauen dem Besucher entgegen, während der Hofhund schwanzwedelnd näher kommt. Seit 1989 ist der Bauernhof dem Bioland-Verband angegliedert. Die Schweinehaltung liegt nun in einer Hand, von der Ferkelaufzucht über die Mast bis zur Direktvermarktung von Fleisch- und Wurstwaren. Das Bioland-Gütesiegel bürgt für artgerechte Tierhaltung, Aufzucht ohne Medikamente und Hormone sowie Fütterung mit natürlichen Produkten, die der Hof selbst bereitstellen kann. Im Hofladen werden neben den eigenen Waren Bioland-Produkte aus ganz Europa angeboten, die sämtlich den gleichen Bestimmungen unterliegen.

Auf dem Ütermarkerhof von Claus und Silke Zetl ist die Welt noch in Ordnung. Paradiesische Stille umgibt den Hof auf der einzigen Warf im Osten Pellworms, Hühner

BIOLAND-BETRIEB
ÜTERMARKERHOF

ÜTERMARKERWEG 11
25849 PELLWORM
TELEFON   0 48 44-2 30
TELEFAX   0 48 44-13 56
E-MAIL   CLAUS.ZETL@T-ONLINE.DE
WWW.BIO-HOF.DE

gefunden.

Gemüse, Obst, Eier, Gänse und Enten, all das gehört ebenfalls zum Angebot des Ladens, der im Jahr 2002 den 2. Preis im Wettbewerb „Schönster Bioland-Hofladen in Schleswig- Holstein, Hamburg und Mecklenburg-Vorpommern" gewann. Aus der Wolle der hofeigenen Schafe werden schöne und praktische Troyer hergestellt. Die Lammprodukte werden im Rahmen eines Bio-Großhandels auch direkt an Kunden in ganz Deutschland versandt. An zwei Tagen pro Woche verkauft die engagierte Landwirtin Gemüse, Obst, Käse und Milchprodukte sowie Lamm, Schwein und Geflügel auf den Wochenmärkten in Husum und Heide. Die Gastronomie der Insel und die nahe Mutter-Kind-Klinik werden ebenfalls von den Zetls beliefert. Doch der Ütermarkerhof hat noch mehr zu bieten. In einem Teil des umgebauten Sauenstalls ist ein moderner Seminarraum eingerichtet worden, in dem Fasten- und Ernährungskurse veranstaltet und ab und zu auch fröhliche Feste gefeiert werden. Die Hausgäste der Zimmer und Ferienwohnungen des Hofes können auf Wunsch

Halb- und Vollpension mitbuchen. Das tägliche Angebot umfasst regionale Hausmannskost, ein Vollwert- und ein vegetarisches Gericht. Wer hier nur die obligatorische Gemüseplatte erwartet, wird angenehm überrascht. Ausgefallene und kreative Ideen stehen da täglich auf dem Speiseplan. Die leckeren Gerichte bestehen aus Bio-Produkten vom Hof, das Vollwertgericht verspricht pure Gesundheit. Individuelle Wünsche und Bedürfnisse werden gerne erfüllt, so können auch Allergiker hier beruhigt ihr Essen genießen. Auch das Frühstücksbüfett wartet mit leckeren Vollwertprodukten auf, nachmittags gibt's hausgemachten Vollwert-Kuchen. In dieser völligen Ruhe, mit Blick auf grüne Wiesen mit glücklichen Tieren und rauschende Kornfelder und dem lockenden Wissen, dass gleich hinter dem Deich die weite, tiefblaue Nordsee beginnt, lässt es sich auf dem Ütermarkerhof prächtig Urlaub machen.

Der Hof ist bereits seit Generationen im Familienbesitz. Als die gelernte Fachlehrerin für Ernährung, Hauswirtschaft und Textil nach langen Jahren auf dem Festland und im Ausland gemeinsam mit Ehemann Claus nach Pellworm zurückkehrte und den elterlichen Hof übernahm, suchten die beiden nach neuen Wegen in der Landwirtschaft, um, unabhängig von staatlichen Subventionen, wieder reelle Preise für hohe Qualität erzielen zu können. Das Bioland-Konzept erwies sich dabei als richtige Entscheidung. Die Zetls reduzierten die Anzahl ihrer Tiere und stiegen in die Direktvermarktung ein. Hier, wo die Luft rein, das Platzangebot groß und die Tierhaltung auf die kleine autarke Welt der Insel beschränkt ist, bietet sich der ökologische Landbau perfekt an. Durch die Fleischkrisen vergangener Jahre hat das Konzept zunehmenden Zuspruch

Friesenhof

Friesenhof

Alte Kirche 7
25849 Pellworm
Telefon   0 48 44 – 7 62
Telefax   0 48 44 – 13 23
E-Mail info@friesenhof-pellworm.de
www.friesenhof-pellworm.de

Ferien auf dem Bauernhof – das klingt für viele, besonders für Familien mit Kindern, herrlich. Der Friesenhof von Gisela und Martin Jansen auf Pellworm bietet behaglichen Komfort, Einblick in den Alltag eines Bauernhofes, Spiel und Spaß im hübschen Garten, Ausflüge in die Insel- und Halligwelt – und ein kulinarisches Stelldichein mit traditionellen und zeitgemäßen Gerichten. Die Gäste der behaglichen, großzügig geschnittenen und im friesischen Stil eingerichteten Ferienwohnungen haben die Möglichkeit, Frühstück und Mittagessen im Hause Jansen einzunehmen. Alle Mahlzeiten werden in der wunderschönen Friesenstube eingenommen. Ein Kamin spendet an kalten Tagen kuschelige Wärme, der Blick hinaus auf die Wiesen und Weiden der Umgebung lässt selbst gestresste Großstädter zur Ruhe kommen.

Ab und zu wird der pittoreske Raum sogar zum festlichen Schauplatz einer Winterhochzeit am Kamin für jene heiratswilligen Urlauber, die sich diesen ganz besonders idyllischen Flecken für den „schönsten Tag im Leben" erwählt haben.

Es gibt sogar einen Computer mit Fax- und Internet-Anschluss, der all jenen zur Verfügung steht, die den Kontakt zur „Welt da draußen", die man hier auf Pellworm so gut vergessen kann, nicht ganz abbrechen lassen wollen. Hochwertige Fahrräder können geliehen werden, die Wohnungen warten mit Stereo-Anlage und CD-Player auf, ein Doppelzimmer verfügt zusätzlich über eine Küchenzeile.

Gern nehmen sich die beiden Zeit für einen Klönschnack. Bei den Jansens fühlt man sich wie zu Hause, der Gast wird zum Teil

der Insel, liegt gleich nebenan und lädt im Sommer zu stimmungsvollen Orgelkonzerten und festlichen Gottesdiensten ein. Auch der grüne Badestrand liegt nur 300 Meter entfernt und ist bequem zu erreichen.

Und so vergehen die Tage auf dem Friesenhof mit „Eeten und Drinken", „good Sloopen", Spaziergängen am Deich, Wattwanderungen oder Fahrradfahrten am Meer ...

Nach Tradition des Hauses wird das Essen mittags serviert. In ihrer schönen Küche mit den echten Delfter Kacheln bereitet die Hausfrau dann ihre inseltypischen Gerichte zu, die sich durch frische, einwandfreie Qualität auszeichnen. Die verwendeten Produkte stammen vom eigenen Hof, wie Lamm und Geflügel, von der Insel oder dem nahen Festland. Die beliebte Wildente wird vom Herrn des Hauses selbst erlegt. Ein Bio- oder Öko-Siegel braucht es hier nicht, die Tiere können sich frei bewegen, ihr Futter stammt zu großen Teilen aus eigenem Anbau und sie müssen keine langen Transportwege erdulden. Und so schmeckt dann auch der Lammbraten und das Frühstücksei – pur, frisch und unverfälscht. Gisela und Martin Jansen vermitteln echte und herzliche Pellwormer Gastlichkeit. Sie machen sich viele nützliche Gedanken darüber, wie sie ihren Gästen den Urlaub so angenehm wie möglich gestalten können.

der Familie. Und ihr Engagement wird mit treuen Stammgästen belohnt, die alljährlich und zu jeder Jahreszeit Erholung auf dem Friesenhof suchen.

Die Wohnungen und Zimmer, die Namen der umliegenden Halligen tragen, wurden mit 3-4 Sternen und DLG-Gütezeichen bewertet. Der eindrucksvolle Blick aus dem Fenster auf die Weite der Landschaft entführt den Gast in eine harmonische Urlaubswelt, in der die Uhren ein bisschen langsamer gehen. Die Alte Kirche, das bereits von weitem sichtbare Wahrzeichen

119

NORDSTRAND – HEIMAT DES PHARISÄERS

Nordstrand ist, obgleich eine Insel, immer und zu jeder Zeit erreichbar. Ein vier Kilometer langer Autodamm verbindet seit 1935 die etwa 50 km² große Insel mit dem Festland.

Nordstrand entsprang wie Pellworm der großen Sturmflut von 1634, welche die Insel Strand in zwei Teile zerriss. Um das Eiland vor weiteren Sturmkatastrophen zu schützen, zogen die Nordstrander einen 28 km langen Deich rund um die Insel, so dass sie sich in den folgenden Jahrhunderten durch Landanspülung und weitere Eindeichungen stetig vergrößerte.

Auch am Damm verlandete das Wattenmeer und ließ Nordstrand inzwischen zur Halbinsel werden. Zwischen Festland, Deich und Insel ist zudem ein einzigartiges Naturschutzgebiet entstanden – der Beltringharder Koog. Das einstige Wattgebiet wurde durch Eindeichung und Entwässerung Teil der Insel, darf aber nicht betreten werden. In diesem Territorium genießen Pflanzen und Seevögel ihr eigenes ungestörtes Paradies.

Unzählige Schafe bevölkern Inselinneres und Außendeich und sind zum Symbol für Nordstrand geworden. Kenner schätzen ihr zartes Fleisch, das aufgrund des Salzwiesengrases so wohlschmeckend ist. In der friedvollen Umgebung gedeihen

die Tiere aufs Beste, sie kommen neugierig näher, zeigen keine Scheu, strahlen vielmehr die gleiche Ruhe aus wie auch die rund 2.500 Inselbewohner. Jedes Jahr im Juni treffen sich Liebhaber des edlen Fleisches zu den Salzwiesenlammtagen – ein kulinarischer Hochgenuss.

Die St. Vincenz-Kirche in Odenbüll hat sich über Jahrhunderte voller schwerer Sturmnächte bis in die heutige Zeit gerettet und wurde Ende des 19. Jahrhunderts ausgebaut und erweitert. Ihre Sehenswürdigkeiten stammen jedoch noch aus dem 15. Jahrhundert: der Schnitzaltar mit der Kreuzigungsszene und der Mamortaufstein. Die aufwändig geschnitzte Kanzel wurde 1605 erschaffen.

Auf Nordstrand gibt es auch zwei katholische Gotteshäuser, und das, obwohl die Katholiken seit jeher in Nordfriesland ein Leben in der Diaspora führen. Die altkatholische St. Theresia-Kirche wurde 1662 für die Deichbauer aus Holland und Brabant erbaut, St. Knud, die römisch-katholische Kirche, wurde vor rund 140 Jahren errichtet. Nordstrands Strand ist grün, der flache Deich lädt zum Sonnenbaden, Verweilen und Träumen ein. Wiesen, Weiden und Rapsfelder machen die Schönheit der Insel aus. Beliebt sind bei vielen Urlaubern auch die gemächlichen Fahrten mit der Pferdekutsche über die Insel oder hinüber nach Südfall. Die Schutzstation Wattenmeer und das Nationalpark-Infozentrum klären über

die dramatische Entstehung Nordstrands auf und bringen den Besuchern den Lebensraum Wattenmeer näher.
Berühmt geworden ist Nordstrand wegen einer kulinarischen Spezialität: dem Pharisäer. Das köstliche Getränk aus Kaffee, Rum und Zucker, verziert mit einer Sahnehaube, gehört zu einem Urlaub in Nordfriesland so unbedingt dazu wie eine Wattwanderung, und seine Entstehungsgeschichte ist wahrlich kurios: Auf Nordstrand gab es einen achtbaren Pastor, der nichts so sehr hasste wie den Alkohol. Auf den jedoch wollten seine Schäfchen nicht verzichten und tranken ihm zuliebe auf Familienfesten gerade so lange brav Kaffee, bis der geistliche Herr die Tafel verließ. Als es ihm eines Tages

aber so gut gefiel, dass er gar nicht gehen wollte, wurde die Gesellschaft unruhig. Kurzerhand kam Rum in den Kaffee, und damit's der gute Pastor nicht merkte, setzte man die Sahnehaube drauf! Die Stimmung stieg, die Aufmerksamkeit ließ nach und plötzlich bekam auch der Pastor eine Tasse mit der Extramischung. Als er merkte, was um ihn herum vorging, rief er aus: Ihr Pharisäer!

NORDSTRANDER SALZWIESENLAMM BAUMBACH

nach 6-8 Monaten geschlachtet, zerlegt und veredelt.

Das Angebot der Wurstspezialitäten reicht von Salami, Schinken, Leber- und Bratwurst bis zu Lammfleisch in Aspik. Das zarte Fleisch, das auch bestellt werden kann und per Versand direkt ins Haus geliefert wird, schätzen Gourmets ebenso wie die Ziegen- und Schafskäsespezialitäten des Hauses.

Auf dem Fell- und Wollspeicher werden weitere interessante Dinge angeboten: Haus- und Handschuhe, Westen, waschbare Babyfelle, Auto- und Fahrradbezüge, Nierengurte, Nackenrollen. Die kuschligen Felle aktivieren die Durchblutung, stärken Abwehrkräfte, regenerieren verspannte Körperpartien.

Bei Familie Baumbach fühlen sich Schaf und Mensch gleichermaßen wohl.

NORDSTRANDER SALZWIESENLAMM BAUMBACH

DÖRTE BAUMBACH
POHNSHALLIGKOOGSTRASSE 1
25845 NORDSTRAND
TELEFON   0 48 42–4 95
TELEFAX   0 48 42–6 80
E-MAIL
BAUMBACH-NORDSTR@T-ONLINE.DE

GEÖFFNET: 8-18 UHR (15.4. – 31.10.)
9-16.30 UHR (1.11. – 14.4.)
SONN- UND FEIERTAG: AB 10.30 UHR

Gleich hinter dem Damm, der Nordstrand mit dem Festland verbindet, begrüßen die Schafe auf Außendeich und Deichvorland den Besucher. Das frische Salzwiesengras macht die hervorragende Qualität ihres Fleisches aus.

Seit den 80er Jahren betreibt Familie Baumbach mit viel Engagement das Konzept der Direktvermarktung von frischem Lammfleisch - zu Beginn noch eine Marktlücke auf der Insel, doch mit der Zeit entwickelte sich ein florierendes Unternehmen. Heute grasen die Schafe rund ums Haus und im Frühling werden bis zu 500 Lämmer geboren. In der Schlachterei werden sie dann

HALBINSEL EIDERSTEDT – GRACHTEN, STRAND UND HAFENIDYLLE

ℕordsee und Eidermündung um-
schließen die Halbinsel Eiderstedt
im Süden Nordfrieslands. Von St.
Peter-Ording im Westen bis zu dem
pittoresken Holländerstädtchen
Friedrichstadt im Osten erstreckt
sich eine abwechslungsreiche Landschaft, die vor Jahrhunderten aus
den Inseln Eiderstedt, Everschop
und Utholm zusammengewachsen
ist.
Das fruchtbare Marschland brachte
die Region zu einem gewissen
Wohlstand. Fast jedes Dorf hat seine eigene Kirche, 18 sind es insge-
samt, und die Bauern errichteten
prächtige Haubarge, riesige Bauern-

häuser, die vom Reichtum ihrer Erbauer
zeugen. Einer der schönsten ist der Rote
Haubarg bei Witzwort.
Bei Westerhever steht der wohl bekannteste
Leuchtturm Deutschlands, der, flankiert von
den beiden Leuchtturmwärter-Häuschen,
zum Symbol für ganz Schleswig-Holstein
geworden ist.
St. Peter-Ording ist beliebt bei Ferien- wie
Kurgästen. Jeder der vier Ortsteile - Ording,
St. Peter-Bad, -Dorf und –Böhl - hat seinen
eigenen, lebhaften bis dörflichen Charakter
und das kulinarische Angebot reicht vom
Fischbrötchen bis zum Gourmet-Menü. Der
beeindruckende Strand, zwölf Kilometer
lang und bis zu 2000 Meter breit, ist ein
wahres Eldorado für Strandläufer, Schwim-

mer, Surfer und Strandsegler. Hier bieten
die berühmten Pfahlbauten aus der luftigen
Höhe von mehreren Metern neben lukullischen Genüssen eine atemberaubende
Fernsicht.
In dem beschaulichen Städtchen Garding
steht das Geburtshaus von Theodor Momm-
sen (1817-1903), Deutschlands erstem Lite-
raturnobelpreisträger. In dem historischen
Haus von 1572 berichtet eine Ausstellung
über Leben und Werk des Literaten.
Auf dem Weg nach Tönning sollte man
unbedingt einen Abstecher ins Katinger
Watt einplanen, das sich nach Bau des
Eidersperrwerks und Eindeichung von Watt
und Vorland zum idyllischen Naturschutzgebiet entwickelte. Hier brüten über 60 Vo-

gelarten, aber auch der Mensch findet Zeit und Raum zur Muße. Kehren Sie anschließend in Katingsiel in die Schankwirtschaft Wilhelm Andresen ein und probieren Sie in dem urigen, 300 Jahre alten Reetdachhaus unbedingt den hausgemachten Eiergrog! Bei Tönning mündet die Eider, der längste Fluss Schleswig-Holsteins, in die Nordsee. Der Hafen gelangte im 18. und 19. Jahrhundert aufgrund seiner Nähe zum Meer zu großer Bedeutung, verlor seine Vormachtstellung aber durch den Bau des Nord-Ost-see-Kanals. Die schöne Kulisse und das alte Packhaus (Stadthistorische Ausstellung) von 1783 sind erhalten geblieben. Auch die prächtigen Giebelhäuser am Markt zeugen noch von der einstigen Prosperität. Die St.

Laurentius-Kirche wartet mit einem schönen barocken Turm sowie mit Deckenmalereien und der Lettnerwand mit 33 Messingsäulen auf.

Im Alten Hospital lässt sich nachvollziehen, wie man um die Jahrhundertwende in Tönning lebte. Sehenswert ist auch das Multimar-Wattforum, das auf anschauliche, interaktive Weise das Leben im Wattenmeer und die Gesetze des Meeres und seiner Bewohner vermittelt.

Friedrichstadt ist so ganz und gar nicht nordfriesisch. Niederländisch muten die Grachten, die prachtvollen Treppengiebelhäuser und der Marktplatz an. Und holländische Immigranten waren es auch, die hier 1621 eine Stadt für Herzog Friedrich III.

erbauten, der den religiös Verfolgten Exil gewährte. Noch heute beeindrucken die vielen gut erhaltenen Häuser, die ein wahrhaft idyllisches Stadtbild prägen. Der Marktplatz mit dem auffälligen Pumpenbrunnen ist idealer Startpunkt für die Erkundung der schmalen Altstadtgassen. Während sich bei einer Grachtenfahrt der Zauber der Stadt so richtig entfaltet, klärt das Museum Alte Münze über die Entstehungsgeschichte der Stadt auf und erläutert, welche Glaubensrichtungen in diesem Umfeld religiöser Toleranz Fuß fassten.

VIVALDI

den Hausgästen mit Halbpension allabendlich vier erlesene Gänge mit feiner regionaler Ausrichtung serviert, präsentiert sich
das Gourmet-Restaurant Vivaldi unter der
Maxime „Küche der Verführung". Gleich
zwei Eurotoques-Köche bilden mit Küchenchef Michael Reinhardt und Souschef Pierre
Meyer ein erstklassiges Team im Auftrag
von Frische, Qualität und kreativen Gaumenfreuden. Erklärtes Ziel von Hotelchef
Stephan Lüders ist es, den hervorragenden
Ruf des Vivaldi noch zu lancieren. In
Michael Reinhardt, der neben seinen Engag-
ements in so erstklassigen Betrieben wie
dem renommierten Restaurant „Victorian"
in Düsseldorf auch im Gourmet-Zirkus
„Pomp, Duck and Circumstance" ein Gast-
spiel gab, und Pierre Meyer, der einen nicht
minder exzellenten Lebenslauf aufweisen
kann, hat Lüders ein hochprofessionelles
Team verpflichtet, das eine innovative französisch orientierte Küchenkunst, die auf
den Produkten der Region basiert, abliefert.
Zanderfilet mit Flusskrebsen, Sherrylinsen
und Koriandernudeln, Carpaccio von Gambas auf Fenchel-Safran-Salat und geeistes
Friesentörtchen mit Fliederbeermark bieten
Hochgenuss für Auge und Gaumen und
gehören zum Besten, was man an Nordfrieslands Küste genießen kann.
Höchsten Ansprüchen genügt auch das

RESTAURANT VIVALDI IM RINGHOTEL VIER JAHRESZEITEN

FRIEDRICH-HEBBEL-STRASSE 2
25826 ST. PETER-ORDING
TELEFON   0 48 63–70 10
TELEFAX   0 48 63–26 89
E-MAIL
HOTELVIERJAHRESZEITEN@T-ONLINE.DE
WWW.HOTELVIERJAHRESZEITEN.DE

RUHETAGE: DIENSTAG, MITTWOCH

Das elegante Ring-
hotel Vier Jahreszeiten
in St. Peter-Ording bie-
tet Erholung in stilvol-
ler Atmosphäre sowie
kulinarischen Hochge-
nuss der Spitzenklasse.
Die exzellente Küche
des Hauses steht seit
Jahren im Zeichen her-
ausragender Kochkünst-
ler. Während das Res-
taurant Jahreszeiten

CHATREUSE VOM EIDERSTEDTER REHBOCK MIT SELLERIEPÜREE UND WACHOLDERRAHMSAUCE

Zutaten:

400 g Rehrücken (schier) , 1 Rehnuss, 2 Sellerieknollen, 1 Karotte, 2 Zwiebeln, 1 EL Tomatenmark, Rotwein, Wacholderbeeren, ange- drückt, Lorbeerblätter, Rosmarin, Knoblauch, Pfefferkörner, Salz, 1 l Brühe, geklärte Butter, 1 l Sahne 200 g passierte Kartoffeln, 1/2 Zucchini, in Scheiben geschnitten

Zubereitung:

Rehnuss gewürzt anbraten, heraus- nehmen. Röstgemüse anbraten, toma- tisieren, mit Rotwein ablöschen. Reduzieren und mit Brühe auffüllen. Gewürzsäckchen hinzugeben, Nuss wieder einlegen und fertig schmoren, dann fein würfeln. Sauce passieren, einen Teil zum Fleisch geben. Den Rest mit Wacholderbeeren und etw. flüssiger Sahne aufkochen und passie- ren. 1 gewürfelte Sellerieknolle in der Sahne weich kochen. Durch ein Sieb streichen, mit Salz, Muskat würzen. 100 ml Sahne mit 10 Wachol- derbeeren aufkochen, passieren, Kartoffelmasse einrühren, ebenfalls mit Salz, Muskat würzen.

Rehrücken würzen, anbraten, ca. 3 Min. bei 200°C in den Ofen geben, dann ruhen lassen.

Zucchinischeiben blanchieren und einen Ring (Umfang: 6 cm) damit aus- legen. Mit 50 g Kartoffelpüree aus- streichen, je 50 g Rehragout und Selleriepüree nacheinander einfüllen. Ringende glatt abstreichen. Rehrücken in dünne Scheiben schneiden, als Rosette auf das Törtchen legen. Mit der aufgeschäumten Wacholder- rahmsauce nappieren.

1985 erbaute 4-Sterne-Hotel, das von Familie Lüders mit professioneller Sou- veränität geleitet wird. Das umfangreiche Wellness- und Sportangebot sucht nicht nur auf der Halbinsel Eiderstedt seinesgleichen. Das Haus verfügt über Out- und Indoor- Pool, Saunalandschaft und Tennisplätze im Garten, der als Dünenlandschaft angelegt wurde. Das Restaurant Jahreszeiten, auch Schauplatz des üppigen Schlemmer-Früh- stücks, gibt Einblick in die Tennishalle des Hotels. Der behagliche Wintergarten, der sich am Nachmittag als sonnendurchflutetes Café präsentiert, und die elegante Bar im Club-Stil runden das Gastronomieensemble des Hauses harmonisch ab.

Die Seekiste

Die Seekiste von Ute und Ludwig Hansen verspricht ein kulinarisches Erlebnis der Sonderklasse. Man speist hier nicht nur vorzügliche Köstlichkeiten aus Neptuns Reich, Ambiente, Lage und Ausblick markieren zudem auch eine unvergleichliche Station auf der kulinarischen Entdeckungsreise.

Direkt auf der Böhler Sandbank, einem Abschnitt des zwölf Kilometer langen Sandstrandes von St. Peter-Ording, wo sich selbst im Hochsommer die Touristenmassen angenehm verteilen, und gute fünf Meter über dem Watt steht die auf hohen Stelzen erbaute Seekiste und trotzt Wind, Wetter und Gezeiten. St. Peter-Ording mit seinem lebhaften Ferientrubel ist weit, hier gibt es nur Wasser, Sand und gesunde Nordseeluft.

Die majestätische Höhe erlaubt einen atemberaubenden Blick über die Nordsee. Von morgens bis zum späten Abend kann man hier hausgemachten Kuchen, die frischesten Krabben der Nordseeküste, die direkt im Restaurant in einer bewundernswerten Geschwindigkeit gepuhlt werden, oftmals bis zu 40 Kilo am Tag, die besten Fischgerichte und das leckerste Labskaus genie-

Restaurant Die Seekiste

Am Böhler Strand
25826 St. Peter-Ording
Telefon   0 48 63–4 75 00
Telefax   0 48 63–95 06 15

Öffnungszeiten:
April–Oktober: 10.30 bis 22 Uhr

ßen. Frische ist die oberste Maxime der Seekisten-Küche. Krabben und Fisch kommen ohne Umwege direkt vom Kutter in die Küche. Und so landen Rotbarsch, Dorsch, Scholle und Co. nur wenige Stunden nach ihrem letzten Flossenschlag im Meer in der Pfanne und kommen mit lecker-krossen Bratkartoffeln auf den Tisch. Gerät die Scholle zu klein, gibt's eben zwei. Und wer sich bei der großen Auswahl nicht entscheiden kann, dem präsentiert das stets freundliche Seekisten-Team gleich ein ganzes Tablett mit dem Tagesangebot und zeigt dem Binnenländer auch schon mal anschaulich, wie man den Grätenstrang aus der Scholle nimmt. Überhaupt geht es hier immer so familiär, herzlich und natürlich zu, dass man sich wie zu Hause fühlt und am liebsten gar nicht mehr seinen Platz an einem der Panoramafenster verlassen möchte. Ute Hansen ist unentwegt unterwegs im Dienst des Gastes, fragt nach, ob es schmeckt, rückt hier eines ihrer liebevoll dekorierten Accessoires zurecht, legt eine Muschel oder stellt eine frische Blume dazu, zündet dort ein Windlicht an oder holt noch

einen Nachschlag aus der Küche. Schon seit 1977 verkörpern die Hansens die Seekiste auf so einmalig-charmante Weise und machten aus dem einstigen Imbiss das gastronomische Highlight der Westküste, das alljährlich viele Stammgäste anzieht, welche die hervorragenden Fischgerichte und das gemütlich maritime Ambiente drinnen wie draußen auf der Terrasse genießen. Die Speisekarte wird alljährlich neu konzipiert und durch das Angebot der Saison wie Erdbeeren oder Spargel ergänzt. Nur erstklassige Ware hat eine Chance in der Küche der Seekiste, in der alle Gerichte nach traditionellen Rezepten frisch zubereitet werden. Wer allerdings zur falschen Zeit, sprich zur Flut, mit dem Essen fertig ist, der sollte entweder Gummistiefel dabei haben oder muss sich gedulden, bis der Bohlenweg wieder zu erkennen ist und das Wasser abläuft. Ab und zu veranstalten die Hansens auch Theaterabende in der Seekiste. Doch jeder Sonnenuntergang, jeder Abend, an dem die rote Scheibe allmählich im Dunkel der See verschwindet, ist bereits ein unbeschreibliches Schauspiel.

NORDSEEKRABBEN-SUPPE

Zutaten:

Für 6 Personen
2 kg Krabben in der Schale
Cognac
Sahne

Zubereitung:

Krabben puhlen und die Schalen aufkochen. Diesen Sud andicken, Krabbenfleisch hineingeben. Mit Cognac und Sahne nach Geschmack verfeinern. Zum Abschluss mit Salz abschmecken.

LANDHAUS AN DE DÜN

HOTEL LANDHAUS AN DE DÜN

IM BAD 63
25826 ST. PETER-ORDING
TELEFON   0 48 63 – 96 06-0
TELEFAX   0 48 63 – 96 06-60
E-MAIL HOTEL-LANDHAUS@T-ONLINE.DE
WWW.HOTEL-LANDHAUS.DE

Das imposante Hotel Landhaus an de Dün wurde im Stil einer herrschaftlichen Patrizier-Villa erbaut und gehört zu den ersten Adressen des bekannten Kur- und Urlaubsortes St. Peter-Ording. Das stilvoll eingerichtete Landhaus mit der großzügigen Auffahrt liegt eingebettet in ein idyllisches Waldgebiet zwischen den Ortsteilen Dorf und Bad und bietet allen Komfort, den der anspruchsvolle Gast von einem zeitgemäßen und gehobenen Urlaubsdomizil erwartet. Eigentümer Dierk Schönborn kam mit seiner Familie aus Hamburg hierher ans schöne Ende der Halbinsel Eiderstedt und eröffnete 1995 die 4-Sterne-Luxusherberge für all jene, die Entspannung und Ruhe suchen und das kleine, feine und persönlich geführte Hotel garni einem großen Haus vorziehen. Seit 2002 liegt die Führung des Hauses in den Händen von Sohn Mirco Schönborn sowie seiner Lebensgefährtin Heike Nielisch.
Die gerade mal 15 Zimmer gewährleisten, dass es hier selbst in der Hochsaison nie laut, hektisch oder überfüllt zugeht. Eine private Atmosphäre beherrscht das von renommierten Architekten überlegt und klassisch eingerichtete Haus.

Postmoderne Eleganz beherrscht die äußerst
großzügig geschnittenen Zimmer im Land-
hausstil, die teilweise über eine Verbin-
dungstür zum Nachbarraum verfügen und
somit als Suite genutzt werden können.
Alle Einrichtungsgegenstände wurden
eigens für das Landhaus angefertigt, indirekte Lichtquellen setzen bewusst gewählte
Akzente, warme, sanfte Farben, harmonisch aufeinander abgestimmt mit dezen-
ten Accessoires, verleihen dem Raum ein
mediterranes Ambiente. Dies fällt besonders
dann sehr angenehm auf, wenn die Sonne
sanft durch die Fenster fällt und die in warmen Orangetönen gehaltenen Wände zum
Leuchten bringt. Die zahlreichen Stammgäste schätzen die großzügigen Räumlichkeiten sehr, gerade dann, wenn sich ihr
Aufenthalt über mehrere Wochen erstreckt.
Bewohnt man eine der beiden Junior Suiten
mit Dachterrasse, erschließt sich eine eindrucksvolle Aussicht auf den Kurwald und
man erahnt dahinter den kilometerlangen
Strand in der Ferne.
Ruhe und Entspannung finden die Gäste
auch im hauseigenen Dünengarten des
Anwesens, dem sich die angrenzenden
Naturdünen nahtlos anschließen.

Kulinarisch bietet das umfangreiche kalt-
warme Frühstücksbüfett, das keine Wünsche
offen lässt, den perfekten Start in den Tag.
Am Nachmittag duftet es verführerisch
nach hausgemachtem Kuchen und frischen
Waffeln im „Café im Landhaus". Wenn sich
nach einem ereignisreichen Tag am Strand

leiser Appetit bemerkbar macht,
serviert das freundliche Landhaus-
Team auch gerne eine herzhafte
Kleinigkeit. Zum ausgiebigen
Schlemmen stehen den Gästen ja in
und um St. Peter-Ording eine Reihe
guter Restaurants zur Verfügung,
die eine regionale bis internationale
Küche offerieren. Und anschließend
kann man sich hier im Hotel ans
knisternde Kaminfeuer zurückzie-
hen oder an der Bar den Tag ge-
ruhsam ausklingen lassen.
Für Wellness, Sport und Entspannung findet sich hier eine abwechslungsreiche Erlebnis-Badeland-
schaft, die mit Wildwasserkanal,
Whirlpool, Massagedüsen und
Wasserfall aufwarten kann. Sauna
und Solarium sorgen ebenso angenehm für das körperliche Wohlbefinden wie die gemütlich Poolbar.
Das Landhaus an de Dün ist das
ganze Jahr über ein Refugium der
Ruhe für gestresste Menschen und
eine erstklassige Adresse für einen
erholsamen Urlaub mit hohem
Luxusfaktor.

RESTAURANT WINDROSE IM HOTEL MIRAMAR

WESTERSTRASSE 21
25832 TÖNNING
TELEFON   0 48 61–90 90
TELEFAX   0 48 61–90 94 04
E-MAIL MIRAMAR@NORDSEE-FORUM.DE
WWW.NORDSEE-FORUM.DE/MIRAMAR

Tönning ist mit seinen Sehenswürdigkeiten – dem historischen Marktplatz und dem 1613 errichteten Marktbrunnen, der St. Laurentius-Kirche mit ihrem barocken Turm, dem idyllischem Hafen sowie dem kleinen Schlosspark - eine reizvolle Station auf der kulinarischen Entdeckungsreise. Das Naturschutzgebiet Katinger Watt, romantische Wege entlang der Eider und das moderne, anschauliche Multimar-Watt-forum sind nur wenige Minuten entfernt. Das Restaurant Windrose im 4-Sterne-Hotel Miramar bietet die ideale Ergänzung zu einem Stadtbummel durch Tönning. Vor dem Haus begrüßt der geschmiedete Lebensbaum des Tönninger Künstlers

Michael Kreuzer den Gast. Der Baum versinnbildlicht die gute Luft, das klare Wasser und die üppige Natur in und um das Eiderstädtchen.

Familie Peters eröffnete das stilvolle 4-Sterne-Hotel im Jahr 1998. Komfort und Eleganz verbinden sich mit der friesischen Herzlichkeit des persönlich geführten Hauses. Die Zimmer sind, wie das gesamte Haus, hell und geräumig gestaltet und werden durch eine kreative Innenarchitektur bestimmt. Gelb- und Orangetöne strahlen einen fröhlichen und mediterranen Charme aus. Auch als Tagungs- und Seminarhotel und Ort für Festlichkeiten ist das Miramar beliebt. Außerdem stellt die großzügige

Lobby ein besonderes Forum für die Künstler der Region dar, die hier ihre Werke ausstellen.

Das Restaurant Windrose präsentiert sich lichtdurchflutet sowie maritim dekoriert in seinem gemütlichen Barbereich. Die Küche wird bestimmt von frischen Produkte der Region und der jeweiligen Saison. Krabben, Matjes und Scholle sind da natürlich an erster Stelle auf der Speisekarte zu finden. Der Fisch kommt direkt vom Kutter aus dem Tönninger Hafen und verspricht daher einen absolut frischen Hochgenuss. Ein kulinarischer Kalender begleitet die Speisenfolge durchs Jahr: Lamm und Spargel im Frühling, ein sommerliches Barbecue auf der Sonnenterrasse, Wild und Geflügel im Herbst. Auch die für diese Region so berühmten „Mehlbüdel" serviert man in der Windrose.

Das kalt-warme Frühstücksbüfett und das hochprozentige Sortiment der gemütlichen Bar, die am Abend auf einen Klönschnack

einlädt und vom Aperitif bis zum Cocktail alle Ansprüche erfüllt, runden das kulinarische Angebot des Hotels ab.

Familie Peters offeriert auch interessante Wochenend- und Wochen-Arrangements, die mit Sektfrühstück am Morgen und einem friesischem Menü oder dem Eiderstedter Büfett am Abend eine erholsame Auszeit vom Alltag gönnen.

TÖNNING

AALSUPPE TÖNNING

Zutaten

1 kg Kartoffeln, geschält, gewürfelt
1 kg Aal (oder fingerdicke Suppenaale)
Saft ½ Zitrone
Salz
1 Bund Suppengrün,
geputzt, klein gehackt
1 Zwiebel,
in dünne Scheiben geschnitten
3 Gewürzkörner
1 Lorbeerblatt
½ l Fleischbrühe
Essig
Senf
1 Bund Petersilie
1 EL Butter

Zubereitung

Aal(e) ausnehmen, putzen und häuten, in Stücke schneiden. Mit Zitronensaft beträufeln, leicht salzen. Kartoffelwürfel, Suppengrün, Zwiebelscheiben, Gewürzkörner und Lorbeerblatt in der Fleischbrühe ca. 10 Minuten kochen lassen. Dann die Aalstücke dazugeben. Gut 20 Minuten sieden. Mit Essig und Senf abschmecken. Vor dem Servieren mit Petersilie bestreuen und mit brauner Butter begießen.

WILLHÖFT'S HOLLÄNDISCHE STUBE

FLAIR HOTEL WILLHÖFT'S
HOLLÄNDISCHE STUBE

AM MITTELBURGWALL 22–26
25840 FRIEDRICHSTADT
TELEFON   0 48 81 – 9 39 00
TELEFAX   0 48 81 – 93 90 22

RUHETAGE VON NOVEMBER–MÄRZ:
MONTAG–MITTWOCH
(AUSSER WEIHNACHTEN–SILVESTER)

Friedrichstadt, das idyllische Städtchen zwischen Treene und Eider, ist ein wahres Kleinod holländischer Treppengiebelbaukunst. Herzog Friedrich III. gewährte im 17. Jahrhundert holländischen Einwanderern Zuflucht vor der religiösen Verfolgung in ihrem Heimatland und sie erbauten ihm zu Ehren die pittoreske Stadt, die viel Bewunderung ob ihrer wunderschönen Fassaden und den romantischen Grachten hervorruft. Zu den ältesten und schönsten Häusern zählt die Holländische Stube am Mittelburgwall unweit des historischen Marktplatzes. Es wurde um 1625 im Zuge der Stadtgründung direkt an einer Gracht erbaut und bildet gemeinsam mit den bei-

den Nebengebäuden einen prachtvollen dreigiebeligen Hotel- und Restaurant-Komplex. In originalgetreu restaurierter Atmosphäre lässt es sich anspruchsvoll speisen sowie in acht Zimmern und einer Suite außergewöhnlich nächtigen, was dem Flair Hotel zu Recht Preise bei den Wettbewerben „Schönste Speisenkarte Schleswig-Holstein" und „Gastliches Haus" einbrachte. Steile Treppen, knarrende Holzdielen und originale Steinböden erzeugen ein rundum gelungenes historisches Ambiente. Die Regentenkamer mit ihrer hohen Decke, dem mächtigen Kamin und dem eindrucksvollen Boden aus schwarzem Schiefer und weißem Marmor ist repräsentativ und gemütlich zugleich. Die Upkamer erreicht man auf halbem Weg nach oben, sie erlaubt durch ein Fenster Einblick in die Gaststube. Die Behaglichkeit in der winzigen Nische ist unvergleichbar. Im Obergeschoss erschließt der Salon des 1902 erbauten dritten Hauses sein elegantes Jugendstil-Ambiente. In dieser Umgebung wird das Essen zu einem einzigartigen gastronomischen Gesamterlebnis. Klaus-Peter Willhöft, der 1976 die Regie in der altehrwürdigen Holländischen Stube übernahm, konzipiert seine Küche mit der Maxime: Frische, höchste Qualität und kreative zeitgemäße Variation der tradierten regionalen Vorgaben. Das Ergebnis sind exzellente Lammgerichte, ein kleines, feines vegetarisches Angebot sowie erlesene Köstlichkeiten rund um Fisch, Fleisch und Geflügel. Rösti mit Räucherlachs und Forellenkaviar, Lachs-Zander-Roulade in Mangold, flambierte Geele-Köm-Pfanne mit Schweinelende, Pilzen und Krabben und Bauernhahn mit Oliven und Basilikum in Sherrysauce beweisen, welche Gaumenfreuden die regionale friesische Küche bereithält. Ein 3- und ein 4-Gang-Menü

präsentieren die erlesene Zusammenfassung der kulinarischen Vielfalt des Hauses, das einmal im Jahr auch Schauplatz des Schleswig-Holstein-Gourmet-Festivals ist.

DITHMARSCHER MEHLBÜDELCHEN

Zutaten

40 g durchwachsener Speck
2 Eier
1 Prise Salz
185 ccm Milch
185 g Mehl
1 Prise Kardamom
65 g Rosinen, gewaschen
Schinkenknochenbrühe

Zubereitung

Speck sehr fein würfeln und ausbraten. Eier mit Salz verschlagen, Milch zugeben, gut verrühren. Mehl zusammen mit Speck und Kardamom unterschlagen. Vier nicht zu kleine Leinentücher (z. B. Taschentücher) durch kochendes Wasser ziehen, ausdrücken und in kleine Schüsseln legen. Vertiefung mit Mehl ausstreuen, Rosinen in die Mitte geben, dann eine kleine Kelle Teig einfüllen. Tuchenden locker über dem Teig zusammenbinden, Beutel in die kochende Schinkenknochenbrühe geben. Bei mittlerer Hitze 25-30 Minuten mit geschlossenem Deckel garen. Herausheben und ca. 4 Minuten ruhen lassen. Aus dem Tuch lösen. Mit flüssiger Butter, Zucker und Zimt heiß servieren. Dazu passt eine Fruchtsauce von Erdbeeren, Himbeeren oder Sauerkirschen.

KULINARISCHE EMPFEHLUNGEN

KULINARISCHE EMPFEHLUNGEN

KULINARISCHE EMPFEHLUNGEN

Verzeichnis der Rezepte

Wenn nicht anders angegeben, sind die Rezepte für vier Personen berechnet.

KULINARISCHE ENTDECKUNGSREISEN...
...DURCH DIE SCHÖNSTEN REGIONEN DEUTSCHLANDS

ISBN 3-8295-6321-3

ISBN 3-8295-6402-3

ISBN 3-8295-6404-X

ISBN 3-8295-6409-0

ISBN 3-8295-6412-0

ISBN 3-8295-6410-4

ISBN 3-8295-6411-2

ISBN 3-8295-6413-9

ISBN 3-8295-6418-X

ISBN 3-8295-6416-3

ISBN 3-8295-6420-1

ISBN 3-8295-6421-X

ISBN 3-8295-6417-1

ISBN 3-8295-6415-5

Angaben für alle Titel:
Hardcover – 24 x 30 cm – Fadenheftung –
ca. 160 Seiten – ca. 300 Farbfotos – 1 Karte.

Ihre kulinarischen Ansprechpartnerinnen
Katharina Többen · Angela Thomaschik
Stuttgarter Straße 18-24 · 60329 Frankfurt am Main
Telefon 0 69 / 26 00 551 · Telefax 0 69 / 26 00 559
e-Mail: info@umschau-buchverlag.de
www.umschau-buchverlag.de

UMSCHAU

Impressum

Die deutsche Bibliothek – CIP-Einheitsaufnahme
Eine kulinarische Entdeckungsreise
durch Nordfriesland und seine Inseln
Silke Martin; Johann Scheibner
(Hrsg. Katharina Többen). –
Frankfurt/Main: Umschau Buchverlag, 2002
ISBN: 3-8295-6416-3

Gestaltung und Satz
juhu media, Susanne Dölz, Bad Vilbel

Reproduktionen
Lithotronic-Media, Frankfurt a. Main

Fotos
Johann Scheibner, Berlin
mit Ausnahme von: Restaurant Zum Schlachter (S. 57 unten),
Landhaus Stricker (S. 104 unten, S. 105 oben),
Restaurant Schaper's (S. 107 unten), Friesenhof (S. 118),
Hotel Vier Jahreszeiten (S. 126/127)

Texte
Silke Martin, Kriftel

Karte
Elsner & Schichor, Karlsruhe

Herausgeberin
Katharina Többen, Neckargemünd

Druck und Verarbeitung
Druckhaus Beltz, Hemsbach

Printed in Germany

ISBN 3-8295-6416-3

Titelfotografie
Soufflierter Glattbutt im Nudelteig an Krustentiersauce, Kiek In